图画书中的家庭教育

李一慢 林丹 著

中国妇女出版社

版权所有·侵权必究

图书在版编目（CIP）数据

图画书中的家庭教育 / 李一慢，林丹著. -- 北京：中国妇女出版社，2024.12. -- ISBN 978-7-5127-2399-3

Ⅰ．G78

中国国家版本馆CIP数据核字第2024SU8060号

责任编辑：赵　曼
封面设计：介末设计
责任印制：李志国

出版发行　中国妇女出版社
地　　址　北京市东城区史家胡同甲24号　　**邮政编码**：100010
电　　话　（010）65133160（发行部）　　65133161（邮购）
网　　址　www.womenbooks.cn
邮　　箱　zgfncbs@womenbooks.cn
法律顾问　北京市道可特律师事务所
经　　销　各地新华书店
印　　刷　北京中科印刷有限公司

开　　本　165mm×235mm　1/16
印　　张　14.75
字　　数　260千字
版　　次　2024年12月第1版　　2024年12月第1次印刷
定　　价　69.80元

如有印装错误，请与发行部联系

前言
PREFACE

本书是为广大的家长朋友所写，书中我们详细阐述了家庭教育、学校教育及基于绘本馆阅读教育的社会教育的实践与研究所发展的三个主要信念。第一个信念：榜样示范和亲子共读是最为重要的家庭教育方法。第二个信念：共读既是理念也是方法。第三个信念：阅读是自我教育的基石。

我们都认同家庭是孩子的第一课堂，父母是孩子的第一任老师，我们也知道图画书是孩子的第一本书。而且，在亲子共读图画书时，父母也能感受到家庭教育的力量。

亲子共读既是理念也是方法。对父母来说，图画书既是实施家庭教育最好的教具，又是教育内容本身。有些图画书本身也非常适合大人阅读，可以引发大人的思考，特别是引发对家庭教育理念、方式的思考。

从这个角度来说，共读包含家庭教育理念和方法的图画书便成了父母学习家庭教育的最佳手段。所以，希望本书能淡化一句流传甚广的无奈调侃："这个证，那个证，就是没有父母上岗证。"

本书所谈论的家庭教育是融合传统文化与现代教育理念，基于我们的学习和工作实践所得出的，我们非常认同陈鹤琴先生对于中国家庭教育的论述。基于我们擅长的阅读教育，本书运用精挑细选的图画书来阐释我们对家庭教育的学习和理解。

　　我们决定合著这本书是基于自己从这样的阅读中真正读懂了先贤的理论和方法，即我们自己首先有了变化。我们都是全国妇联亲子阅读推广大使，是北京市首届金牌阅读推广人；林丹成功创立了全国亲子共读的知名品牌，慢师傅成了家庭教育和儿童阅读教育专家，出版的家庭教育专著销量超过 20 万册；林丹的女儿，以及慢师傅的儿子和女儿都受益于阅读，喜欢学习，三个孩子都养成了良好的学习习惯，都有自己突出的爱好和特长……我们基于"推广人"的使命感，运用阅读推广的方式普及家庭教育理念和方法。

　　本书共 18 章，每一章都与家长朋友们共读 1 本或 2 本图画书，然后从讨论开始，邀请读者朋友从图画书的家庭教育学视角参与讨论，体会亲子共读的核心价值，进而思考家庭教育的真谛，即家庭教育需要密切家庭成员之间的关系，增强情感联结，为孩子离开家庭，走向社会提供爱的出发点和思维的导航。

　　在内容安排上，每一章开头以"讨论"为名，预设 2～3 个读前问题，引导家长思考家庭教育的行为和理念；"开始共读吧"会介绍图画书的基本信息和主要内容；每章的最后有针对每章主题的"技术活"——家庭教育方法建议："安心丹"和"慢招式"。

目录
CONTENTS

序　章
在图画书中遇上合适的榜样

爸爸留给孩子的无限财富 / 003

爸爸读书，能轻松体现深沉父爱 / 006

爸爸读书，故事内容要选好 / 008

慢师傅家教招式

　1. 夫妻合理分工 / 010

　2. 知晓儿童阅读规律 / 011

第一章
家家都有"小怪兽"

每个人都曾是"小怪兽" / 015

儿童随时可以变身 /020

慢师傅家教招式

    1. 接纳孩子的不同才不会"晕倒" /025
    2. 要是真想改变的话…… /026

第二章

家庭教育的起跑线

最初的"起跑线" /029
忙爸爸、忙妈妈也是好爸爸、好妈妈 /032

慢师傅家教招式

    1. 定个时间段，放下 iPad /036
    2. 与孩子一起踏上起跑线 /039

第三章

先知道自己是自己

父母总得要有自己的 PB 吧 /043
知道自己是谁，梦想才有方向 /045

"安心丹"育儿金句 /046

目 录

第四章
别担心孩子的害怕和恐惧

珍惜孩子的各种情绪 /049
帮助孩子消除不良情绪 /052
"安心丹"育儿金句 /055

第五章
谁还没说过假话呢

因为怕,所以说谎 /059
有意和无意 /066
孩子说谎的五种动机 /068

慢师傅家教招式
 1."一二三",三步减少孩子的说谎机会 /069
 2. 跨文本共读——共赏电影 /071

第六章
守礼、有规矩会吃亏吗

礼之原则 /075
礼之仪式 /078

慢师傅家教招式
1. 独特的交流方式 / 081
2. 规矩是可以打破的 / 084

第七章
给孩子帮倒忙的机会

允许孩子犯错 / 089
知道不同阶段的孩子可以做什么 / 092

"安心丹"育儿金句 / 093

第八章
热爱孩子热爱的

父母要有自己热爱的事情 / 097
父母要支持孩子的爱好 / 102

"安心丹"育儿金句 / 103

第九章
尊重孩子的所有权

分享并不总是很容易 / 107
建立在物权观念上的分享 / 111

目 录

慢师傅家教招式
1. 不要过分追求"谦让"的美德 /115
2. 要让孩子明白拒绝和被拒绝都是很常见的事情 /115

第十章
合作是需要学习的

学合作从家庭开始 /119
人人交互时代更需要合作 /121

"安心丹"育儿金句 /124

第十一章
为孩子联结他人和社会

寻找未来社会的立足点 /127
联结身边的人和事 /131

"安心丹"育儿金句 /132

第十二章
生命教育从"谢谢"开始

感知父母的辛劳,体会父母的养育之恩 /135

树立生命至上的观念，敬畏生命 /140

慢师傅家教招式

   1. 做一个园丁，或者一个花匠 /143

   2. 给爸爸妈妈一个爱的游戏 /146

第十三章
什么值得炫耀

什么不值得炫耀呢？/151

什么值得炫耀呢？/154

"安心丹"育儿金句 /158

第十四章
孩子也要"断舍离"

儿童也贪心？高高的天会降下来吗？/161

哪个孩子不贪吃？/165

儿童也要断舍离？/168

儿童断舍离，大人要留白！/171

"安心丹"育儿金句 /172

慢师傅家教招式

   游戏，习得习惯 /173

目 录

第十五章
别把孩子当出气筒

情绪化的父母会让家人受伤 /177
学会辨别、管理、控制情绪 /181

慢师傅家教招式

1. 情绪转移大法 /185
2. 可理解、可控制的情绪"报复" /186

第十六章
男孩发育史

性别教育的最佳时期 /191
不做"胆小鬼",不当"小废物" /197

慢师傅家教招式

1. 与异性交往要自信 /201
2. 让孩子看到家的美好 /202

第十七章
女孩成长记

家有小女孩的妈妈经历第二次成长 /207
每个女孩都有自己的花期 /210

"安心丹"育儿金句 /212

第十八章

一起静待花开

林丹：面向未来的绽放，需要静静等待 /215
李一慢：一定要慢下来 /218

后　记　心中有爱，遍地开花 /222

序 章

在图画书中
遇上合适的榜样

想一想

忙碌的父亲如何参与到家庭教育中呢？

"没有经验"的父亲怎样做才容易与孩子建立亲密关系，

而且很有收获呢？

怎样弥补"父爱"缺失？

序　章　在图画书中遇上合适的榜样

爸爸留给孩子的无限财富

作为一位非著名的故事爸爸，经常看到这样几行诗句被人颂扬，并被一位叫吉姆·崔利斯的阅读专家用在了被誉为"阅读圣经"的《朗读手册》的扉页上，诗云：

你或许拥有无限的财富，
一箱箱的珠宝与一柜柜的黄金。
但你永远不会比我富有——我有一位读书给我听的妈妈。

看到这几行诗句我就会想，难道就没有喜欢给孩子读书的爸爸吗？像我这样，像《和爸爸一起读书》中那位始终微笑着的爸爸那样？

开始共读吧

在《和爸爸一起读书》中，女儿回忆了小时候与父亲共读童谣，到父亲老了她为父亲朗读诗篇的阅读人生。这本书充分解答了"亲子共读"的多重含义，既是父亲读给女儿听，也影响了女儿读给未来的外孙女听，还有女儿读给老迈的父亲听——谁说亲子共读一定是大人读给孩子听呢？！

这本书的封面温馨暖人，一张历史感的沙发上有一本书，沙发前有一大一小两双鞋子，我们可以从画面中"读出"没有出现的一大一小两个

《和爸爸一起读书》

[美]理查德·乔根森著,[美]瓦伦·汉森绘,王志庚译,广西师范大学出版社,2016年4月出版

人,也愿意把自己代入那两位没有出现在画面上的大人和孩子的故事里。孩子希望有一个给自己读书的爸爸,大人希望自己的孩子也愿意听自己读书!这就是图画书在发挥作用。

故事里的女孩就是这样希望的。这本书是女儿的回忆——从一张有沙发、有书、有爸爸和女儿读书的照片开始的。对于童年,女儿的记忆是:"每天晚上睡觉前,我们都会读一本书。这张照片里有我一生最美好的记忆,就是和爸爸一起读书。"

故事是以女儿在睡觉前为爸爸读书结束的,女儿关灯时,爸爸轻轻地说:"每天晚上睡觉前,一定要读一本书。"女儿说:"我一生最美好的记忆,就是和爸爸一起读书。"

我们有没有这样的美好回忆呢?

我希望我的儿女有。

不瞒各位,这本绘本居然让我读出了眼泪。这本书没有什么深刻道理,没有什么煽情细节,没有什么鸡汤味儿,但它为何这么打动我呢?

序　章　在图画书中遇上合适的榜样

　　带着这样的感动，我继续跟我女儿一起读书——儿子自从可以独立阅读，他就独自阅读去了。即便我们共读，也只有女儿挤进我怀里，或者在床上安排一个舒服的可以依靠的位置，笑称是照顾我生病的腰骨头。不过，儿子读的书越来越与我喜欢的书重合，历史、地理，凡尔纳的《海底两万里》、柯南·道尔的《福尔摩斯探案全集》，还有蔡志忠的漫画等。

　　女儿年纪还小时，她缠着我每天都要我读书给她听，随着渐渐长大，她也常常跟我轮流朗读，我们的读书声屏蔽了喧嚣的成长杂音，抵御了热闹的电子产品的诱惑。我们在亲子共读中，不仅获得了倾听、欣赏、观察的能力，也开始了对生活、生命的模仿和思考，让我们的亲子关系日趋紧密，有了更多的精神密码。

　　女儿的到来会让父亲有更多的责任感：女儿是爸爸必须爱的、无论如何不能不爱的宝贝！爸爸给予女儿的精神力量是妈妈不能给的，女儿和爸爸被苏斯博士的猫逗得哈哈大笑之余获得的幽默感，女儿和爸爸被鹅妈妈童谣的韵律熏陶出的节奏感，女儿和爸爸一起读过的海盗、国王、巫师、魔戒，还有《柳林风声》铺就的通往狄更斯、奥斯汀、勃朗特、马克·吐温、莎士比亚、爱伦·坡、荷马、华兹华斯、罗伯特·弗罗斯特和梭罗等作家作品的阅读之路，绝不仅仅通向文学、艺术和人文的殿堂，更是自由的王国——陪女儿读书是开启心灵课程的最佳途径。

　　这样直击心灵的绘本需要导读吗？当然不需要，需要的只是跟父母们说说提倡爸爸参与亲子共读的几条硬道理。

　　古话说"父精母血"，在孩子的成长早期，妈妈的作用毋庸置疑，给孩子吃喝拉撒睡的全面关爱，建立起孩子最早的安全感。等到了孩子自我意识的萌芽期，孩子已经体察到自己不再是妈妈的一部分，他们向往着更广阔的世界，大脑也快速发展。这时就特别需要爸爸的参与，给孩子全面的身体及心灵的榜样带动和关爱。爸爸若能够以合适的方式参与进来——比如亲子共读就是最典型、最便利的精神生活，就能给孩子带来更多的安全感，让女儿变得更加温婉、美丽和坚强，让儿子变得更加宽厚、善良和勇敢。

爸爸读书，能轻松体现深沉父爱

在我的家长讲座中，我经常列出以下几个"观点"求得爸爸妈妈们的认同：榜样示范和亲子共读是最重要的家庭教育方法；好的家庭教育是从 0～2 岁建立亲密的母子依恋，结束于青春期顺利的父子分离。要想最后有良好的分离，必须有良好的父子关系；学习习惯始于阅读习惯，通过阅读可以将真善美的种子埋在孩子心里。而亲子共读就是搭建父子爱之桥梁、撒播爱之种子的最好方法。

低幼时期的亲子共读重点是父亲读书给孩子听，让书成为亲子关系的好玩具，一直到孩子逐步养成阅读习惯。这个过程中，父子容易建立起

爸爸哈哈大笑，我回头看着他，他紧紧地搂着我，继续笑着给我读书。
我们真的好快乐。
每天晚上睡觉前，我们都会读一本书。
这张照片里有我一生最美好的记忆，就是和爸爸一起读书。

序　章　在图画书中遇上合适的榜样

共同的知识平台。在阅读这个真实的共同体验的基础上父子有着共同的生活，进而有共同的精神。

与书中的父女一样，我和孩子们读书的时候，无论他们依偎在我的身旁，或者趴在我的肚子上，还是坐在我的腿上，我的心立马柔软起来。相对于细心的妈妈而言，爸爸的"粗心"反倒会让孩子看书时感到闲适、轻松，孩子的兴趣会逐步提高。

还有，爸爸磁性的嗓音和声音频率对孩子有特别的吸引力。爸爸的声音天生就是吸引孩子听读童书的最佳选择，我较早地认识到了这一点，所以当孩子刚满周岁时我就开始给她读绘本。女儿喜欢被爸爸抱在怀里，享受着男低音带来的各种懂与不懂的故事，这对她来说是一种愉悦的感觉，这种美好的感觉会让她喜欢上读书。

一个晚上接着一个晚上，我们读海盗和国王，读巫师和魔戒，还有柳林风声。

一个故事接着一个故事，就像一次又一次探险。不过，任何奇妙的探险，都比不上和爸爸一起读书！

《和爸爸一起读书》
内页：共读可以增进亲子关系

爸爸读书，故事内容要选好

习惯框架思维的爸爸们不会过多地考虑一本书能让孩子得到什么"益处"，因而就不会刻意让孩子认真读和讨论，反而更能维护孩子持续阅读的兴趣。在趣味之外，"真善美"的内容应该是我们选择童书的基本原则。

爸爸参与亲子阅读越早，越能熟悉孩子的身心发展状况，了解孩子熟悉的事物、人物。在日常生活中，爸爸可以把故事和生活紧密结合起来，自己觉得有趣的新闻报道、趣闻逸事，都可以与某个故事结合起来。

《和爸爸一起读书》内页：共读的家教方法得以传承

当读书成了你们日常生活的一部分时，工作忙碌、讲得不好……都不再是借口。爸爸热爱上伴读这件事，对于孩子的成长特别有利。把爸爸的"故事口袋"用好，如果定时定点地坚持下去，孩子养成的不仅仅是阅读习惯，还能学会如何生活。

和孩子共读，不仅是我们对孩子施爱、施教，而且孩子也在回馈我们：因为有了孩子，我们才有付出的快乐，孩子的成长也给我们带了快乐。让我们共同建设充满爱意的父子共读、父女共读的幸福生活！

这本书的后半部分有这样一段话："有时候，她们的外公也会坐在火炉旁，听一会儿。他微笑着，对我眨一下眼睛，眼中释放出温柔的光。我看到爸爸的眼神，不禁心中猜想，他在想什么呢……"读到这里，我禁不住热泪盈眶，这是我设想过的幸福美满的老年生活！

作为一个"故事爸爸"，我人生中最幸福的时光就是和儿女共读的美好时光。

但是，这并不容易。因为妈妈和孩子共读是这个时代的主流，所以就从你我开始吧！让我们的子女的记忆中，有了爸爸的读书声，有了这样一句叮嘱：

"说晚安之前，一定要读一本书。"

·慢师傅家教招式·

1. 夫妻合理分工

同样是深沉伟大的亲子之爱，父爱和母爱却有着不同的表现。美国哲学家弗洛姆在《爱的艺术》中说，"母亲代表大自然、大地与海洋，是我们的故乡"，"父亲则代表人类生存的另一个极端：思想的世界，法律、秩序和纪律等事物的世界"。中国人说得更简单直白一些：父精母血。父爱可以不用陪伴的时长来衡量，不能与母爱画等号。

我们家会根据我和我太太在性格、爱好等各方面的不同，商讨对俩娃养育工作的分工。比如，母子一体化时期，我就只打下手，多做体力活。2岁以后，我多带孩子到户外活动；开始共读了，我负责母语阅读，我太太负责英语阅读；孩子从幼儿园到小学阶段，我带着他们去公园、商场、消防站、公交车等公共场所去玩耍、"探险"，我太太负责与学业、学校有关的一切事宜……夫妻俩的理念会有不同，谁负责谁去研究，找到适合自家娃的路径，另一个人就当助手，去欣赏。

前文的《和爸爸一起读书》中的爸爸很显然承担了与女儿共读的职责，后文《好忙好忙的爸爸》中（参见第32～35页），妈妈并不在场，这个设定给了我们很多的想象空间，比如，妈妈工作繁忙，本来是一家人的旅行，变成了父子二人游；妈妈发现爸爸太注重工作了，特意安排了父子二人游……无论如何设定，这位爸爸带着未完成的工作与儿子外出游玩了——这一点很重要，这是具有"好爸爸"的潜质，并且有了"好爸爸"的行为。

我要为两个故事中没有露面的妈妈点赞，很显然，她们在创造父子单独相处的时空。一个家庭会有忙爸爸，也会有忙妈妈。但是无论如何，忙总是相对的，"忙爸爸、忙妈妈"忙的都是工作，这是值得称赞的。进一步而言，父亲和母亲可以做科学的、合理的分工。较多的家庭会聚焦"如何让爸爸多参与"，那么，忙爸爸在"不忙"之余，如何走近孩子、满足孩子的需求，参与家庭教育呢？

忙爸爸可以试着将承担父爱的职责具体化，就像工作事项一样，列在"忙"的时间表里。那么，没有多少育儿经验的忙爸爸具体做什么呢？可以从容易完成的事项做起，比如，和孩子一起读书，带孩子去森林公园……需要注意的是，就像忙工作一样，要有计划、有目标，还要有评估——孩子喜欢吗？孩子下次还会再来吗？孩子还想去哪儿……

2. 知晓儿童阅读规律

从粉色到蓝色——儿童文学阅读阶梯

- 六年级：成长小说、外国经典小说、现代经典作品、科幻小说
- 五年级：民间故事、古代经典名著、红色故事、世界文化
- 四年级：神话故事、科普作品、童话故事、成长小说
- 三年级：童话、寓言
- 一、二年级：童诗、童谣、故事

第一章

家家都有"小怪兽"

想一想

你所知道的孩子的身心发展规律有哪些?

其中,你觉得最重要的是什么?

你知道《3～6岁儿童学习与发展指南》吗?

第一章　家家都有"小怪兽"

每个人都曾是"小怪兽"

开始共读吧

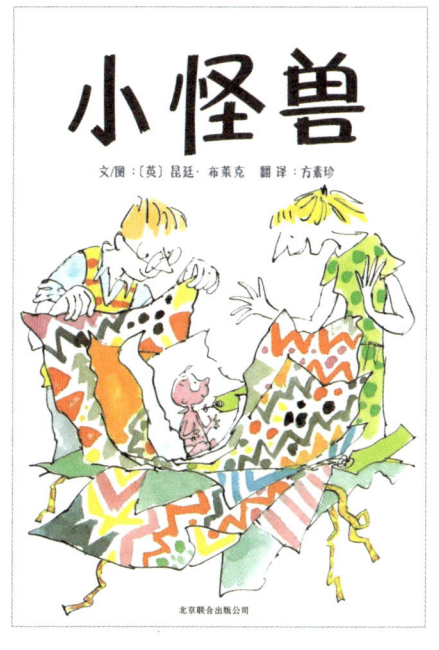

《小怪兽》

［英］昆廷·布莱克著绘，方素珍译，北京联合出版公司，2012年10月出版

　　每个孩子都独一无二，每个孩子都要经历爱的成长、与父母分离的成长。在成长过程中，或许他们会变成不同的"小怪兽"。

　　故事中，一对年轻夫妻过着幸福快乐的生活。

　　一天早上，他们收到一个快递，将层层的包装纸打开后发现里面是个非常可爱的小婴儿，标签上写着"小怪兽"。从此，二人世界变成了三口之家。

他们一起拆开了包裹。

《小怪兽》内页：
孩子是"快递"

  这对年轻夫妇非常喜欢"小怪兽"。可是，有一天早晨醒来，小怪兽变身了，以往那个可爱的小家伙突然变成了一只秃鹰，整天尖叫，夫妇俩郁闷地捂住耳朵，面面相觑。书中的这个场景，相信大家都心领神会：哪个娃娃没有哭叫过，甚至是夜哭不已？

  问题是，书中出现了"接下来……"的文字，因为有了前面变化的代入感，估计有人会按照"秃鹰夜里哭叫"的思路去推测故事的情节发展——结果秃鹰又变成了……

  这本书很贴近孩子的成长过程：孩子慢慢长大，一旦能够站立、能够行走，就开始了探索，家里的一切都是他们探索的目标，如同从尖叫的秃鹰发展成到处跑的小象。而且，这个时期也是孩子的口欲期，想要了解什么就把物品都往嘴里塞……

  不知道各位读者有没有把自己的孩子想象成某种动物呢？你家的"小怪兽"都有哪七十二变呢？

  书中的小象还不是小怪兽的终极变身，后面还有把家里搞得乱七八糟的小野猪。其实，捣乱虽说是这个时期孩子的行为特征，但把家里弄脏才是让妈妈们头疼的大事。书中年轻父母的态度也进一步证明了这点：

第一章 家家都有"小怪兽"

《小怪兽》内页：孩子的成长伴随着"破坏力"

"真是糟透了！简直没完没了……"

小怪兽带来的喜悦正在消退。这还没完，接下来又变成了野猪和喷火龙，后来又是蝙蝠、大象。小怪兽并没有按顺序变——孩子成长中的"兽性"逐一或者叠加呈现。

这时，爸爸妈妈的态度有了一个有趣的变化，面对成长中的孩子，他们有了一个最低的门槛："维持一个样子就好了！"

这句话太像很多妈妈无奈的念叨了："你小时候多可爱啊！"

妈妈们之所以发出类似的感慨，很大的原因是小怪兽们开始进入青春期了。小怪兽变成了大野人。

《小怪兽》内页:孩子的"不确定性"让父母大伤脑筋

小怪兽的不确定性,给父母们带来更多的担忧、更多的无奈。看这样的绘本,真的可以安抚我们自己,让我们在育儿的烦躁中静一静、想一想。

《小怪兽》内页:"小怪兽"终会长大成人是确定的

回到图画书中，让人意想不到的是，没过多久，大野人变成了一个英俊潇洒的小伙子。他会做美味的佳肴给这对夫妇品尝，还会陪他们聊天、散步、下棋……

慢慢地，这位英俊的小伙子有了心仪的女孩。一天，小伙子决定带女朋友去见他的父母。回到家，却发现他的父母变成了一对鹈鹕。从此，这对年轻人与两位老人过上了幸福的生活。

我给小学一、二年级学生上过这本书的阅读课。第一次是给小学二年级的学生上的，我在讲读的时候不知怎么一下子就共情了，想到了家里的两个"小怪兽"，一个还在幼儿园、一个已经是小学生，各自有各自的"变身"……当时禁不住泪花涌现。我揉揉眼睛，看着眼前40个"小怪兽"，不禁想：他们知道自己曾经在父母眼里是一个"小怪兽"吗？

在联系自身的表达环节，学生们纷纷表示自己就是"小怪兽"，说起自己在家里的种种"怪兽行为"……可见在这一点上，"别人家的孩子"和自己家的孩子是一致的。

这个"一致"是某种共识，是儿童身心发展规律的一条中线。

这个世界上，因为儿童的灵魂是自由的，所以他才可以随心所欲地成为各种"怪兽"。能捕捉到这一点，并能用文和图再现出来，这就是昆廷·布莱克给我们最好的家庭教育教科书。这样的书可以直接打动我们，无须过多的理论分析。

我们希望孩子在成长中能够保有灵魂的自由，就要学会接受孩子！昆廷·布莱克的《小怪兽》表达的正是此意。

儿童随时可以变身

与布莱克笔下的"小怪兽"同样的"变异"也出现在一位叫妞妞的小姑娘身上。

开始共读吧

《妞妞的鹿角》

[英]大卫·司摩著绘,范晓星译,河北少年儿童出版社,2016年2月出版

第一章 家家都有"小怪兽"

《妞妞的鹿角》内页：大人、孩子都接受了鹿角

妞妞是《妞妞的鹿角》的主角，她是这样变化的：

星期四的早晨，妞妞一觉醒来，头上长出了一对大鹿角！妞妞并没有惊慌失措，比平常费点儿工夫穿衣，稍微想一想就能走出房间；跟平常一样从扶手上溜下去下楼吃饭——鹿角却挂到了吊灯上……妞妞、小狗、小猫都没觉得有什么，可是妈妈却晕倒了！

医生诊断不出妞妞有什么病，校长也想不出什么好主意……专业人士都束手无策，这可把妈妈吓坏了，又一次晕倒在地。

当大家忙着想办法化解妞妞的窘境时，她却自得其乐地享受着鹿角：用来晾毛巾，挂甜甜圈喂小鸟，还插上一根根蜡烛，为钢琴演奏营造氛围！

就在这一切看似无可奈何之际，第二天一觉醒来的妞妞又恢复了正常——鹿角没了。妈妈自然是高兴万分——谢天谢地！可是没等她高兴多大会儿，大家发现，妞妞身后又长出了蓬松漂亮的孔雀尾巴！

《妞妞的鹿角》内页：妞妞的鹿角不见了，多了一团孔雀尾巴

我们都知道，孩子在成长的不同阶段有着不一样的特征，如幼儿期的关键期或者敏感期的养育问题，父母们大都知晓并有各自的教养方式，我就不再赘述了。不同特征的孩子对应不同的"小怪兽"，我们学会了理解和"对付"不同的"小怪兽"的"方式"，就不会像妞妞妈妈那样总是晕倒了。

不过，我们可以想一想，为何妞妞的妈妈总是晕倒？

孩子成长的每个阶段都有不同的特点和"麻烦"，不过不用担心，他们最终都会长大成人。

小学一年级学生的家长听了这个故事的想法是这样的：

司马灏轩家长：离奇又荒诞的故事，表现了灏轩内心的欢快与跳跃。听着故事，我们看到了孩子的纯真和想象力，这是大人世界里最为可贵的东西。

黄彦燕家长：彦燕给我讲《妞妞的鹿角》，讲鹿角带给妞妞的烦恼，我听到的却是阅读给孩子带来的快乐。彦燕讲到故事中的妞妞莫名其妙长出了鹿角后，我追问：是不是妞妞做错了什么？是不是说了谎话？后来在网上搜索这本书的相关信息，才发现确实是老母亲太焦虑了。多跟孩子读这种轻松、幽默的书，做一个有趣的母亲，多有意思呀。

王沛昕家长：孩子总是会在我们毫无防备的情况下有一些突发"状况"，家长如何去看待和处理，其中包含着许多的智慧。

史奕萱家长：一个很神奇的梦境故事，听孩子一句一句拼凑起来，还是很有趣的。

赵慧妍家长：看着三幅图，很难想象这是个怎样的故事。所以当孩子根据图画完整地给我描述时，我很欣喜。妞妞被吊在半空中的画面特别滑稽和生动。

胡智涵家长：孩子丰富的想象、生动的描述，将我们带入了故事里。

蒋雨轩家长：听孩子讲完《妞妞的鹿角》，深受感动。这样有趣的阅读作业，对孩子表达能力的提升很有帮助。

王楚一家长：在孩子成长过程中，家长的压制、紧张让孩子不再松弛，错失了很多美好。用欣赏的眼光、平常心对待，我们会和孩子一起遇见更多的美好。

胡显诺家长：孩子根据图片声情并茂地讲故事，语言表达能力、记忆能力都得到了训练，作为爸爸我感到非常震撼。希望这样的阅读课题能深入开展下去。

张清茹家长：这是一个精彩的故事，孩子把时间、地点、人物关系都讲述得很清楚，我们听得很陶醉。

谭道晴家长：成长的烦恼常常猝不及防，又让人无可奈何，不论是"鹿角"，还是"孔雀的尾巴"，其实都是成长的必需。

李雨轩家长：通过孩子的讲述，我听到了一个妙趣横生的故事。愿我和孩子能常常像这样插上想象的翅膀。

何灵汐家长：鹿角吓晕了妈妈，也给妞妞带来了不一样的快乐，如喂小鸟、挂毛巾、点蜡烛等，积极乐观的孩子真好。

颜睿馨家长：孩子把这个故事给我讲了两次，这是以前没有的事。我在听故事的过程中学会了要去欣赏孩子，默默守护，静待花开。

袁小雅家长：这是一个很有趣的故事，孩子在讲述中得到了各种锻炼。

李日升家长：家长要多听听孩子的意见和想法，多让小朋友自己拿主意。

【以上家长反馈来自　长沙市岳麓区周南梅溪湖小学】

第一章 家家都有"小怪兽"

·慢师傅家教招式·

1. 接纳孩子的不同才不会"晕倒"

妞妞长了鹿角以后，家人中反应最大的就是妈妈——晕倒3次，痛哭1次。可是鹿角并没有因为她的晕倒、震惊、痛哭而消失，也没有因她的方法——用硕大的帽子遮盖而消失。这就像父母遇到孩子成长中的变化，或者是孩子出现与父母的预料、期待不一致的状况后，大人常常感到焦虑而采用的方法——遮掩。焦虑和遮掩，并不能解决大人认为的那个问题，对孩子的"变"产生不了积极作用。

我们可以看看自己的孩子，脑袋上有没有一个碍事的、磕磕绊绊的、刺刺挠挠的"鹿角"，或者是其他的什么角，或者直接换成我们熟悉的"不听话""太闹腾""不爱搭理人"等成长中常见的"毛病"？我们是如何处理的呢？

《妞妞的鹿角》内页：晕倒的妈妈和即将晕倒的妈妈

025

焦虑与苦恼更多的是源于我们作为父母的过度关注。我们忽略了各种状况是孩子成长道路上正常的"变化",而去寻找医生、校长、设计师的"专业指导",忘了每个孩子都是独一无二的。

基于教育常识,我们首先要接纳,然后要欣赏:"不听话"是不是说明孩子有自己的想法呢?"太闹腾"是不是说明孩子体能好呢?"不爱搭理人"是不是说明孩子很专注,或者只是不爱搭理陌生人呢?……不管是鹿角,还是孔雀尾巴,孩子们"长出来"的任何不一样的"东西",我们都要接受。

书中,无论是厨工露西的赞赏,还是家人的"认同"和"合理使用",总之,接纳是最为重要的养育策略。

当我们接纳了孩子的"变",才有机会把真善美的"不变"传递给孩子。

2. 要是真想改变的话……

除了晕倒和遮掩,如果你真想改变,不妨这样做:

首先,我们要充分关注孩子,找到问题背后的原因。了解孩子真正的需求,认可孩子的感受,尊重孩子的愿望。

其次,告诉孩子要做什么,而不是不要做什么。比如,"请把玩具放回原来的位置",而不是"你不要乱扔玩具"。

再次,说出你的感受,并设立限制。

最后,坚持,让孩子知道你是说话算话的,尊重自己也尊重孩子。

第二章

家庭教育的起跑线

想一想

你怎么看待"孩子生来就是一张白纸"这个广为流传的"家庭教育金句"?

你也觉得孩子成长的道路上有一道无形的起跑线吗?

这条线在哪里?

最初的"起跑线"

认同和反对"不要让孩子输在起跑线上"的拉锯战经久不息,隔段时间就会成为热点话题。

问题在于,大家说的"起跑线"是同一个概念吗?

其实,家庭教育环境、父母的家庭教育理念和家庭教育方法才是孩子的起跑线。

孩子一出生就受到父母、家庭环境的影响,立刻开始了"社会化"的过程。从身心来看,孩子开始自主呼吸,就不再是一张"白纸",他会带着父母的遗传基因在不同的节点化身为"小怪兽",也可能长出"鹿角"和"大象脚"。

经常被我选作家庭教育讲座的开场图画书的《我们的强强》,可以作为理解起跑线这个话题的教科书。这本书从一枚草地上的蛋开始,散步的鸭子首先发现了蛋,然后鸡、蜂鸟……都来争当这枚蛋的父母。

开始共读吧

众多充满爱心的"爸爸妈妈"都对这枚蛋有着各自的期许……这样的期许就好像爸爸妈妈总是希望孩子可以遗传到自己最优秀的基因一样……这些有能力生蛋的爸爸妈妈甚至为了争抢这枚蛋动起手来,只有在西方文化中被认为是聪明象征的猫头鹰置身事外,因而他发现蛋裂了,小宝宝

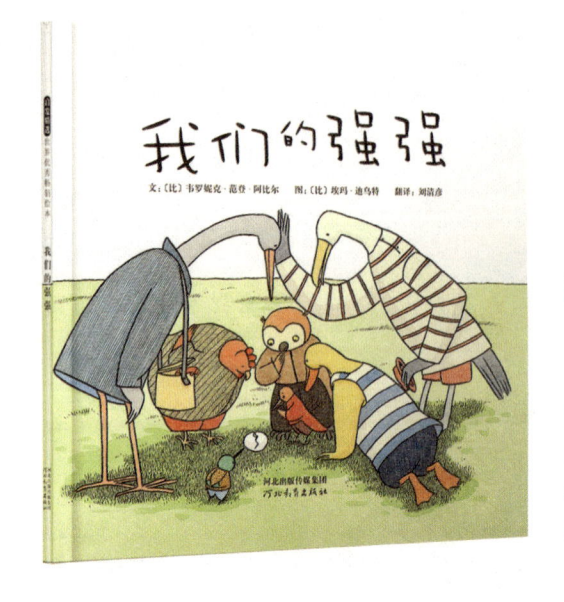

《我们的强强》

[比] 韦罗妮克·范登·阿比尔著，[比] 埃玛·迪乌特绘，刘清彦译，河北教育出版社，2010年12月出版

要出生啦！

到底是谁的蛋宝宝呢？

蛋裂了，一只鳄鱼宝宝出生了。大家惊讶之余都爱上了这个小宝宝。他们都答应要做这只被命名为"强强"的小鳄鱼的爸爸和妈妈，都表态要将自己的平生所学教给强强——这就是强强不同于别的孩子的独特的起跑线！

于是，鸡妈妈教他下蛋，不成；蜂鸟妈妈教他吮吸花蜜，不成……当猫头鹰教他辨识各种鱼类时，强强兴趣盎然；鸭爸爸教他游泳时，强强居然游得像鳄鱼一样快——人家宝宝本来就是鳄鱼啊；就连在天空遨游的信天翁也想教强强飞行——可以吗？

先天的基因是最为重要的起跑线，在孩子的成长过程中，父母的"榜样示范"是最为重要的家庭教育方法，也是一条重要的"起跑线"。在这条起跑线上，父母的一些爱好、特长，处理问题的思维方式、语言、情绪的表达方式……时时刻刻被孩子所吸收，并在适当的时候展示出来。

第二章　家庭教育的起跑线

《我们的强强》内页：强强的起跑线是不是很超前？

与智能手机和高速度网络尚未普及的过去相比，当下的父母除了要发挥自身、自家的能量为孩子提供"起跑线"之外，还要与"起跑线对手"进行竞争……

《我们的强强》内页：
父母很努力地把自己
的专长教给孩子

忙爸爸、忙妈妈也是好爸爸、好妈妈

在我的家庭教育讲座的互动环节，经常有家长提出这样一个问题："我家孩子不读书，喜欢玩手机、iPad，怎么办？"

这是一个普遍现象，国内国外都有，也有图画书反映了这个问题。既然都创作出了相关的图画书，书里一定也提出了一些解决方法，让我们开始读书吧！

开始共读吧

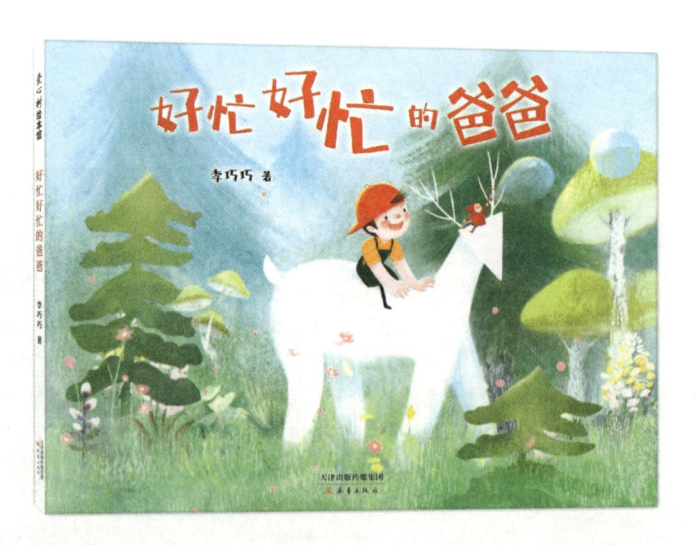

《好忙好忙的爸爸》　　李巧巧著，新蕾出版社，2021年9月出版

第二章　家庭教育的起跑线

《好忙好忙的爸爸》内页：旅途中，爸爸忙着工作，儿子望向窗外

像很多爸爸一样，故事中小男孩的爸爸工作很忙，在亲子游的过程中他也带着电脑工作，并且不停地打着电话。

作为一个社会人，如果说一个男人"好忙好忙"，绝不是指忙于陪伴孩子、陪伴家庭，而是忙工作、事业、梦想……故事中的爸爸在亲子游的路途中被电话召唤，然后打开电脑，对着兴奋的儿子比画"嘘"的手势。这个意思孩子们都懂：大人要忙了，自个儿一边儿玩去。

受到冷落的或者说很自觉的儿子扭头看向窗外——不得不说，这也是一次观察世界的契机，一次放飞想象的契机。男孩看到了一只鸟，看到了骑在鸟背上的一个精灵。

公交车停在终点站森林公园——看来这只是一次郊区游，还不是远程亲子游。忙爸爸似乎与儿子做了一番商量，他们找了一处地方坐下来。爸爸继续忙工作，他知道这样不好，于是他摸了摸儿子的脑袋。但这并不管用，男孩的情绪很低落。好在，那个精灵看到了这些，精灵对着男孩吹起了气泡，男孩在获得了忙爸爸的许可后，到一边儿玩去了。很快，男孩发现了很多精灵、很多妖怪，他们一起玩得不亦乐乎。

享受了快乐的男孩想与父亲分享这份快乐，他"飞"了回来，扑到爸爸的背上。男孩没注意，爸爸已经有了变化——是工作不顺利造成的吗，还是因为被儿子干扰了思路？

　　忙爸爸变身了——变成了红色的熊，一头生气的大熊。熊转过身怒吼了一声，把男孩和精灵们都吓飞了，也把代表着"忙"的电脑、纸张、手表、手机甩飞了——这很重要，没有了"忙"的束缚，不忙的爸爸忙着要救儿子了。他像一只飞熊一样飞到了水里……

　　一次短暂的生离死别让忙爸爸暂时放下了工作，与男孩一起"进入"童话世界，进入了童年。

　　忙碌是我们应对社会、实现自我的手段，也是家庭对我们的期望。当孩子需要我们的陪伴、培养的时候，这不也是社会的期盼，不也是自我的实现吗？

　　陪伴孩子除了可以到山林野外，也可以窝在家里，与孩子一起创造一个有自家特色的"精灵世界"。比如，我们家每周五晚上都会全家人一起看电影，从短短的动画短片到长长的剧情片……十几年过去了，我们家依然坚持着周末的家庭电影院，我们从电影中看到了很多美好和力量，也听了很多地道的英语、日语，最宝贵的当然是一起度过了美好的亲子时光，这段时光赋予了我们家共同的精神密码。

《好忙好忙的爸爸》内页：爸爸变成了熊

因父母、家庭、环境的不同,"起跑线"也各自不同,现在还要受到电子设备的干扰,所以妈妈、爸爸们更忙了——像书中"好忙的爸爸"那样,在陪孩子郊游的时候还继续工作,都得拜数字化时代所赐。随身携带、随时随地开始工作,电子设备成了身体的一部分。

但是,我们毕竟生活在数字化时代,所以我们也不必与电子设备隔绝,否则会毁了孩子们未来融入社会的一项能力,最好的策略是左右开弓,既要让孩子熟悉、了解电子设备,又要用更多、更丰富的其他行动和物质吸引孩子,如亲子共读、亲子旅游、亲子共赏和亲子共玩等。

慢师傅家教招式

1. 定个时间段，放下 iPad

《晚安，iPad》描述了当下很多家庭中常见的现象：一家人在家里各自盯着大大小小的屏幕；坐车、排队、吃饭时眼睛都盯着手机；小小的孩子成了各种手机游戏的高手；空余时间爸爸妈妈会把手机扔给孩子，让他们去看一些"早教视频"，或者随便让孩子看点啥，这样自己才能抽空做些自己的"大事"；不少妈妈都会抱怨自家先生回到家不参与育儿，而是埋头游戏；还有的家庭出现妈妈看电视，爸爸玩手机，孩子玩 iPad 的场景……

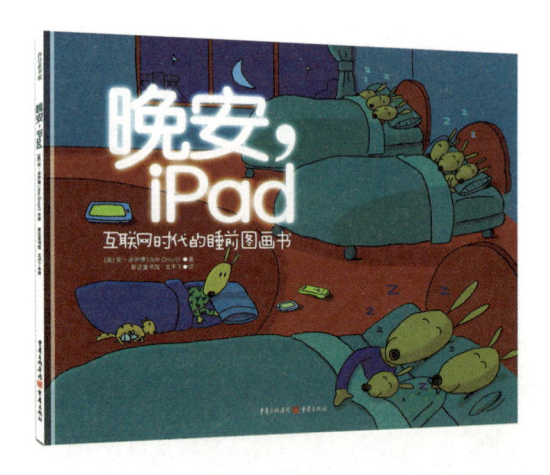

《晚安，iPad》

[美] 安·卓伊德著，青豆童书馆、文不丁译，重庆出版社，2014年12月出版

从第一页嘀嘀嗒嗒、叮叮咚咚的电子游乐场到最后一页静谧的房间、香甜的梦乡，这中间发生了什么事情？是什么让"机不离手"的孩子们乖乖上床睡觉的？和你的孩子一起读读这本书吧，它会让人安静下来，用心享受眼前美妙的共读时光。

第二章 家庭教育的起跑线

《晚安，iPad》内页：与经典图画书《晚安，月亮》相仿的场景

　　如同经典的绘本《晚安，月亮》一样，妈妈拉着孩子们跟这些电子设备一一道了晚安，这样的小仪式有助于帮助孩子们消除对电子设备的依赖和上瘾，可以让孩子们知道，睡觉时间是"神圣不可侵犯"的。

　　生活中，许多父母都会因为沉迷于网络而忽视对孩子的陪伴，这个温暖、幽默、有爱的故事，是给他们的一个温柔提醒。

　　据我的观察，好像爸爸们更善于与电子设备打交道，比如《企鹅爸爸爱上网》中的企鹅爸爸。故事讲述的是在遥远的南极，小企鹅的爸爸迷上了网络，网络世界就像一块大磁铁，牢牢地吸住了企鹅爸爸的注意力。他从早到晚泡在网上，走到哪儿都抱着宝贝电脑。这么"忙碌"的爸爸，自然没时间陪小企鹅玩，这让小企鹅很郁闷。有一天，企鹅爸爸的网络没有信号了，一下子从虚拟世界"跌"回现实，企鹅爸爸急得快要疯掉了！他拿着电脑四处寻找信号，不顾危险在冰上越走越远。突然，冰块裂开了，不愿丢掉电脑的企鹅爸爸在浮冰上越漂越远……这番冒险最终让企鹅爸爸放下了电脑，和家人一起玩起了滑雪。

　　本书与《好忙好忙的爸爸》一样，一次短暂的生离死别让忙爸爸暂时放下了电脑，与家人一起"回到"现实世界，回到了童年。

《企鹅爸爸爱上网》

[比] 菲利普·德·肯米特著绘，谢丹云译，重庆出版集团，2016年1月出版

故事幽默风趣，温暖有爱，有很强的现实关怀。背景虽然设置在冰天雪地的南极，呈现的却是孩子们最熟悉的日常生活场景。相信翻开书，孩子们就能心领神会地对号入座，并在这种对号入座中获得温暖的安慰和情绪的释放。

看来，关于电子设备对孩子的影响、对教育的影响的担心，国内外都是一样的。

在这样的大环境下，我们如果能够合理地使用电子设备，就是帮助孩子站在了一条合适的起跑线上。

《企鹅爸爸爱上网》内页：吃饭、睡觉都离不开电脑和网络的企鹅爸爸

2. 与孩子一起踏上起跑线

曾经,我也是好忙好忙的爸爸,我曾经是一个按月出版的童书读物的主编,成了一个"711男人"——早上7点出门,晚上11点才回家;后来我转行到儿童教育就是为了有更多的时间学习、跟我的孩子在一起。可是,工作的忙碌让我与孩子在一起都成了"有了时间"再做的事。于是,我选择做全职爸爸,停下了追逐的脚步,漫步在家庭陪伴、育儿成长的小径上。

你也许会说:男人的事业、家庭的财富都不会上升了啊?!

"那也没关系啊。"

何况,我可以得到多多的亲子之情、家庭之爱:每天睡前,讲完了故事,读完了书,孩子挨个跟我"晚安亲亲",我才满意地告别爸爸的角色——"儿童阅读的使用者"身份。然后,我会坐到书桌旁,开始生产、开始传播儿童阅读教育相关的内容。写一写育儿相关的博文、回答粉丝们的问题,查阅、思考、打磨为刊物撰写的文字,也会翻译国外优秀的童书,偶尔会写写由生活中得到的故事灵感而成的童话。

阅读不仅仅是读书。比如,我们每周五晚上的 Movie Day,就是全家人一起观看一部轻松有趣、寓教于乐的电影。

我会带着闺女到处走走,公园、博物馆都是常规之选。还会带着她专门去看高高的立体停车场,去爬一座因规划错误导致的"断头桥";定期去逛商场,除了放手让她选买自己的服饰,也委托她帮我挑选衣服;教她打出细腻的奶泡,做好一杯香气扑鼻的卡布奇诺……

而且,我还可以用崭新的方式参与社会的发展。

我会到幼儿园、学校、图书馆给其他的孩子们读书、讲故事。看到别人家大大小小孩子的种种成长,会让我更加喜爱和珍惜与儿女在一起的美好时光,也会更有耐心和方法。

儿子上五年级了,作业多了,考试多了,连自个儿都开始考虑小升初了,我们从没给他报学习班——现在看来都成了弱势,他也有了做题目做到夜里11点的经历——也成了"711学生"了。我不担忧他的脑袋里塞满了数字、符号、算术题，但我知道有不少的孩子，终日要面对巨大的黑板、海量的题目、无尽的考试，他们没有我儿子那样每周一次的看电影、每季度的外出游学、每个新年的温泉泡澡、每个新春的登高望远……

那孩子成绩不好、考分不高，怎么办？

"那也没关系啊。"

儿子的学校开设了选修课，他选了"中国城市的发展和文化"，我们一点不惊讶，因为他喜欢这个"课题"。他把北京的地图、地铁、公交线路都研究透了，什么路线他都很清楚，上海、南京的地铁也研究了一遍，进而发展到对世界地理产生浓厚的兴趣。很多男孩在某个阶段会对这类事情特别上心，如果家长能够持续引导会延长他的兴趣保鲜期，甚至能引导出更深入的"课题"。

只有在一起，才会与孩子们共同经历生活的五花八门，所谓养育就在这些玩乐当中。生活是最好的课堂，爸爸妈妈所站立之处就是最适合的起跑线。

在这条起跑线上，大人和孩子一起漫步、一起加速、一起幸福。

也只有在一起，你才会发现自己原来是能抽出时间陪着孩子成长、陪着家人生活的。那么，在陪伴时将公司、学校和家务事，统统都暂且忘掉呢？

那也没关系啊！

第三章

先知道自己是自己

想一想

什么情形下，

自己才是"最好的自己"？

作为大人，

你有过"最好的自己"的时刻吗？

第三章　先知道自己是自己

父母总得要有自己的 PB 吧

　　在实施教育和接受教育的路上，人们总是在不断追求更好、更优秀。怎样算是好的教育？评价标准是什么？并没有定论。我的观点是，今天的自己比昨天的自己进步一点点，那就是更好、更优秀。不必把自己与那些已经被"认定"为优秀的人相比，也不必抱有"比上不足，比下有余"的心态。

　　我们要努力更新自己的 PB[1]，也要发现孩子总是在不断刷新自己的"最好"。孩子从出生到牙牙学语，对于他们的一点点进步，我们总会不吝赞美，"好棒啊！宝宝太聪明了！"孩子的每一个"最好"都是孩子的"第一次"，我们的鼓励给了他们莫大的动力，他们在爱意满满中开始勇敢地对外界进行探索，创造一个又一个 PB。但我们也要知道，随着一天天长大，孩子开始接受各种各样的教育，上越来越多的课，遇见很多的老师。如果想听到"好棒啊！你真是太聪明了"这样的赞美，在几十人的一个班级里，只有个别人会有这样的机会。甚至有不少孩子总是被成年人批评做得不够好、坐得不够直、纪律不好……有的孩子在和同伴相处的时候，因为行为与众不同而被孤立、被取笑，陷入孤独无助和担惊受怕中……哪里还会有 PB？！

　　回想我们自己的童年，你是否曾经是那个不知所措的小孩？此刻的你，是否也有些不知所措，我是谁？我对自己满意吗？什么是最好的自己？从承担"家庭教育职责"开始，很多父母便忙着实施最好的教育，遍寻各种优质的资源，总想全力以赴培养孩子成才。殊不知，我们自己成才了吗？我们活出自己想要的样子了吗？我们是不是还有很多自己都无法接纳的不完美？如果这些问题没有更好的答案，那么，我们需要和孩子一起

---

[1] Personal Best，指个人最好成绩，该词是常见的跑步术语，即取得成绩。

面对，共同探寻"我"的意义，确认我就是独一无二的我。知道我很好，我还可以更好！

寻找自我贯穿在整个生命过程中。

开始共读吧

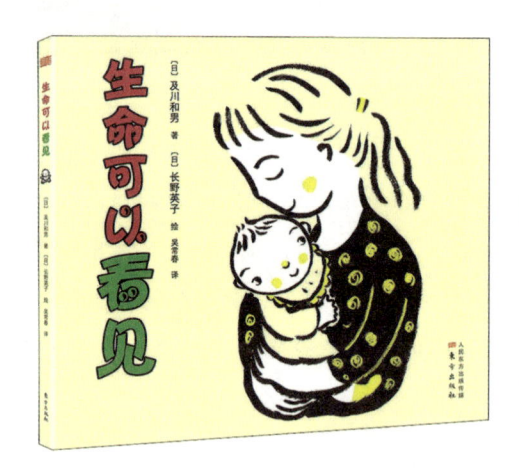

《生命可以看见》

[日]及川和男著，[日]长野英子绘，吴常春译，东方出版社，2017年5月出版

《生命可以看见》特别适合送给每一个孩子，可以唤起每个孩子思考："我是从哪儿来的？""我为什么热爱生命"。我认为，这是一本难得的"好看的"生命教育绘本，本书没有说教，而是用娓娓道来的故事，让每一个读到的人仿佛回到呱呱坠地那一刻，回到嗷嗷待哺而又被爱意融化的婴童时代。那些温暖的拥抱、甜蜜的亲吻，将在漫长的人生中不断提供生命的力量，帮助人们走出那些成长过程中的绝望时刻。

如果我们每一个家庭都能耐心地陪伴孩子，与孩子共读，在书中和生命的每个阶段相遇，亲子阅读将成为陪伴孩子成长的最好的方式，因为这个过程融入了很多的爱意。陪孩子在书中看见生命、看见世界、看见永不停止的希望，多好！

第三章 先知道自己是自己

知道自己是谁，梦想才有方向

开始共读吧

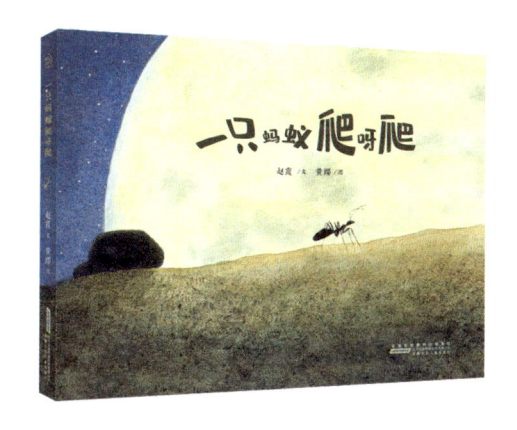

《一只蚂蚁爬呀爬》

赵霞著，黄缨绘，安徽少年儿童出版社，2020年6月出版

《一只蚂蚁爬呀爬》是一本非常适合父母和孩子探讨寻找自我话题的书：我是谁？我想成为谁？这个话题不仅孩子喜欢，大人也喜欢。打开这本书，通过小蚂蚁的视角，跟随"它想，我要是……"这个句式不断推进阅读：变成鱼能游啊游，变成青蛙能蹦啊蹦，变成松鼠能跳啊跳，变成鸟能飞啊飞，变成狮子能在草原奔跑，但狮子却想成为小蚂蚁，灵巧地在星空下慢慢地爬呀爬。我们总会不自觉地想成为别人，因为没体验过别人的生活，所以充满了好奇，这是特别正常的。本书正是经由不断地设想，探索自己想成为谁的过程。

我们可以在孩子处于自我认知初始阶段的2~3岁，通过共读引导他们观照自我。故事有趣、韵律感强的《小猫咪追月亮》，特别适合父母与开始热切探索世界的小宝宝亲子共读。故事中的小猫咪从第一次看到满月变成狮子的蚂蚁跑呀跑。

我要是一个蚂蚁就好了！

《一只蚂蚁爬呀爬》内页：左图是蚂蚁想变成狮子；右图是蚂蚁祈祷回归自我

开始，它经历了各种场景的追月行动，一次又一次的挫败让它灰心丧气。相信小猫咪一定被牛奶的美味滋养过，在它的眼里，满月就是一碗牛奶，心中那美妙的牵引让小猫咪锲而不舍地追寻月亮，最后失望地回到家，家里正好有一碗牛奶在等着它，在满月的夜晚带着圆满的心情，小猫咪心满意足地睡着了。

小小孩和小动物有非常多的相似之处，比如，对世界好奇，对目标坚定，行动力强，容易从失望变为满足……当我第一次翻阅这本图画书时，熟悉的场景让我会心一笑，我不仅看到一只小猫咪在追月，也看到一个小孩子在追梦。

谁不曾追梦？梦想总是要有的，虽然实现梦想不容易。别忘了，在孩子追梦的路上，不论结果如何，给孩子也给自己一个大大的拥抱！

"安心丹"育儿金句

我就是我，我爱独一无二的我。
我爱我自己，我还可以成为更好的自己。

第四章

别担心孩子的
害怕和恐惧

想一想

你是不是没完没了地担心孩子会……

孩子真的如此弱小,

他无法战胜害怕和恐惧吗?

第四章 别担心孩子的害怕和恐惧

珍惜孩子的各种情绪

当幼小的宝贝开始松开我们的手,他试图自己站好,他想要走出一步、两步、三步;他蹑手蹑脚,害怕摔倒,但他还是想试一试!

这是人之本能——我知道可能会发生什么不好的,但我就是要试一试,不试怎么知道自己不行呢?!如果一次不行,我还要试第二次,相信我一定可以!

各位大人,感受到孩子的心里话了吗?嘘!仔细听,认真观察,别担心,你的孩子可以!

在成长的道路上,人就是通过这样一次又一次的尝试才变得越来越勇敢,才能走向更大的世界、遇见更好的自己。当你对孩子有那么一点担心的时候,请控制住自己,不要急于表现出担忧,更不要急着上手相助,请换一种方式告诉孩子,"我就在你的身边……""你还可以这样……"让孩子觉得安全,感受到榜样的力量。

在孩子探索更大的世界前,如果我们先牵着他们的小手,用阅读和旅行,从间接经验和直接经验两个维度,让他们在安全感满满的陪伴中"预演"一遍又一遍冒险之旅;当他们有机会独自上路时,童年记忆会给他们无尽的勇气,给他们有效的方法。

所以,请珍惜孩子每一次表现出的害怕和恐惧,这些场景恰恰是在提醒我们:有了高质量的陪伴,孩子以后面对这样的场景便不再会大惊小怪,而是有一天可以波澜不惊地认为"这是正常的体验"。我女儿初中时的口头禅就是"这是常识",应该与她从小经历的各种体验有关。我每一次听女儿跟我聊她遇到的一些事情时,她的一些说法和做法都让我为之点赞，让我不禁感慨：原来孩子的成长就是日积月累，他会从我们不以为然的地方自然习得种种"常识"。

图画书中有各种各样的间接体验，可以帮助孩子去感受、去理解、去形成"已知信息"，为未来的"常识"做铺垫。

开始共读吧

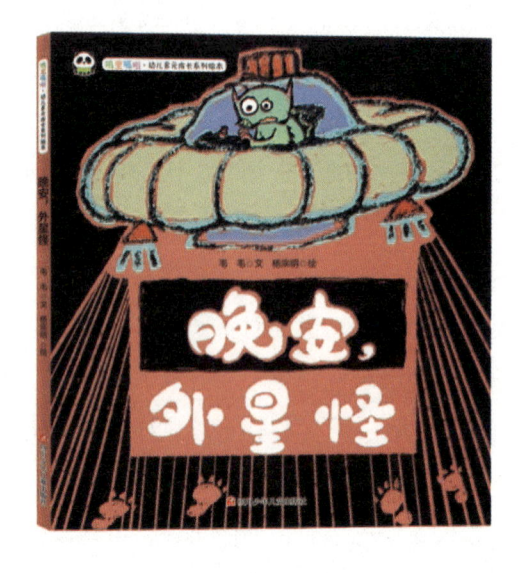

《晚安，外星怪》

毛毛著，杨宗明绘，四川少年儿童出版社，2020 年 10 月出版

《晚安，外星怪》的创意来自作者陪儿子入睡的各种艰难。睡前总是孩子浮想联翩的时刻，他们特别容易想到很多害怕的情景，导致入睡变得困难。我们都知道，睡前是孩子容易产生各种害怕的时刻，相信大家都有各自的方法。这本书提供了一个不一样的视角，作者利用睡前这个想象力最丰富的时刻，和孩子"编织"一个属于自己的故事，倾听孩子讲他的各种想象、各种故事……进而消除睡前恐惧。

本书的作者是一位会讲故事的妈妈，她经常给自己的孩子讲故事，也给很多图书馆里的孩子讲故事。把自己擅长的、喜欢的事变成一种亲子互动,对于孩子来讲,真是幸福啊!

相信每一个妈妈都会讲故事,在生活中也都有无穷无尽的故事灵感,本书给大家提供了一个借鉴。讲好自己的故事,既是大人的幸福,也能给孩子带来心灵抚慰。

《晚安,外星怪》内页:有了放空的过程,孩子的恐惧也随之消散

帮助孩子消除不良情绪

儿童容易在头脑中生发"可怕的形象",理性地告诉孩子"世上本无……"意义不大,理解和接受他们的害怕,并与他们讨论那些可怕的形象反倒更有效果。甚至我们可以"预先"与孩子分享一些生活中可能出现的会让孩子觉得可怕的事物,然后加以消除,可怕也就不那么可怕了。

开始共读吧

《小怪兽和鸡皮疙瘩》

[日] 新井洋行著绘,[日] 森野百合子审订,赖惠铃译,四川少年儿童出版社,2024年2月出版

第四章 别担心孩子的害怕和恐惧

《小怪兽和鸡皮疙瘩》中有许多可怕的时刻、可怕的怪兽，有恐高的毛毛怪，有害怕打针的方方怪，有恐惧上台的刺刺怪，有怕黑的拉拉怪……各种各样的害怕汇集在一起，小怪兽们开始一起讨论，寻找解决办法。于是大家都想把害怕这个问题怪到鸡皮疙瘩身上。这是一本非常有趣的书，小怪兽们就像我们身边的小朋友和大朋友一样，各种各样的缘起，害怕面对的时候鸡皮疙瘩就起来了，躲是躲不掉的，找到解决办法才是共同的目标。

本书还有更进一步的理解，它告诉我们，不安和害怕其实是两种很重要的情绪，提醒我们前面有危险，我们需要认真对待，如果没有不安和害怕，可能会因为莽撞而受伤。

真正的健康，不是没有负面情绪，而是面对负面情绪，我们有勇气去一点点拆解掉。能够和我们的各种情绪和气相处，也是一项很重要的能力。不要觉得大人就自然拥有这项能力，我们大人也需要和孩子一起成长，我们能够面对，孩子才更容易面对。

当我们认识了害怕和恐惧这类情绪是如此普遍地在每个人的生活中经常出现，我们也会一点点学会接纳。我们还可以寻找更多的舒缓情绪的书，看看书中的角色是如何放下害怕，战胜恐惧的——给孩子以带有孩子气的样板。

开始共读吧

《最可怕的一天》简直像是在写我的故事。我的童年记忆中就有上台当众讲话而感到无比尴尬的窘事，直到我三十多岁了，因为推广亲子阅读的需要，在鼓起勇气站上演讲台后，这个阴影才渐渐消退。当我在全国巡回演讲了几百场次后，心中那个当年的自己——上台前要深呼吸，发言时常常出现短暂的头脑空白、手足无措，发言后总是觉得自己没讲好——才跟我挥手再见了，哦，再也不见了。

《最可怕的一天》

汤姆牛著绘,北京联合出版公司,2013年11月出版

《最可怕的一天》内页:还没下床,脑中满是可怕的事情

第四章　别担心孩子的害怕和恐惧

《最可怕的一天》中的小女孩玲玲从躺在床上就开始想象各种各样的恐怖画面，通过非常夸张的六个场景一步步放大恐惧，孩子在读这本书时都能深刻感受那种压迫感。走在上学的路上，玲玲一直想着即将出现的最可怕的瞬间："现在，轮到刘芳玲上台报告。"越恐惧越是容易出状况，果然是太可怕的一天！大人觉得这不是天大的事，但对于一个孩子来讲就是天大的事，直到30年后，这个恐惧还在，但是玲玲已经有能力把恐惧拿捏住，可怕的一天终于变成了美好的一天。

30年来，玲玲到底经历了什么，故事里没有讲，但我们大人都有类似的经验，就像我一样。我们不妨和孩子聊聊生活中那些让孩子觉得是天大的事、可怕的事。我们也可以和孩子讲讲我们童年的窘事，告诉他们我们是如何战胜恐惧的。我和女儿分享过自己的很多窘事，她发现："妈妈，你原来也是好胆小呀！"这种"发现"会让他们遇到相同境遇时能放松下来。

"安心丹"育儿金句

小的时候，你就是孩子的盖世英雄，引领他成为英雄。

告诉孩子你也有好多的害怕，你也经常需要战胜恐惧，比如此时此刻，没关系，我们试着一起去挑战。

告诉孩子，害怕没关系，爸爸妈妈就在身边。

第五章

谁还没说过假话呢

想一想

你能区别孩子是有意说谎,还是无意说谎吗?

明明知道孩子说了谎,你该如何应对?

怎样减少孩子说谎的机会呢?

第五章 谁还没说过假话呢

因为怕，所以说谎

我们先来看两个小故事。

故事1：成绩单

期中考试结束一周了，小海还没有把自己的成绩告诉爸爸妈妈。妈妈实在忍不住了，就问小海："考试成绩出来没？"小海回答："还没有。"妈妈问了班主任，说是各科老师都公布了成绩……

故事2：我要被监控

"吃饭啦，小凡，洗手来吃饭！"妈妈做好了饭，呼唤小凡来吃饭。小凡很快就过来了，说："我洗过手啦。"

妈妈觉得这也太迅速了吧，就问了家里的其他大人，奶奶和来做客的伯伯都说没看见他洗手。妈妈就严厉地让小凡去洗手。不料，小凡连声说道："我洗手了，我洗手了……"说着说着，还号啕大哭起来。

吃完饭，小凡很严肃地说："妈妈，洗手的地方安个监控吧！""为什么要在那里安监控？""这样你们就知道我洗手了。"

这两个孩子谁说谎了？单看文字的话，是不是感觉小海说谎了？是不是认为小凡被冤枉了？

像小海那样，因为担心被批评甚至是惩罚而说谎是非常常见的，也是很容易被"拆穿"的。像小凡那样,孩子特别在意自己没有说谎,而家长又特别在意要证明孩子有没有说谎,这说明孩子说谎现象很普遍。

那么,孩子为什么会撒谎?发现孩子说谎,我们该如何处理呢?

开始共读吧

《老虎,别怕》

马岱姝著,北京联合出版公司,2019年12月出版

《老虎,别怕》中的老虎显然是个孩子,他招呼另一个孩子小夏一起去采茶,小夏说"我们不会啊"——显然他俩都知道自己不会做这件事,可是老虎眨眨眼,说:"别怕,跟我来!"

他俩观摩了一会儿,就动起手来。毫不意外,他俩出了差错,老虎拍拍腿说:"没事儿没事儿,我们换个地方。"于是他们去晾茶叶,又出了差错,老虎抖抖身子说:"不要紧,不要紧,咱们快走。"于是他们去摇茶,弄断了手柄,这下老虎知道"我们闯祸了",他压低了声音说:"别怕,快,

第五章 谁还没说过假话呢

《老虎，别怕》内页：
老虎选择了逃跑

跳到我的背上来！"

我们知道老虎的主意是什么吧——"抓稳了，我们逃跑吧！"

逃跑后的小夏和老虎发现离家越来越远了，肚子也饿了，他们开始了自我反思："都怪我，笨手笨脚的，现在怎么办呢？"小夏说："走，我们回家吧。我们可以说'对不起'。"老虎紧张地问，"难道……你不怕挨骂吗？"

读到这里，我们能大致知道有些孩子们说谎的原因了。

孩子们知道有些事情自己做了可以得到好评、奖赏，就会尝试去做，甚至没做也会谎称自己做了这件事。反之也成立，事本来是他做的，但做得不好，怕丢脸，怕被批评，怕被处罚，于是就会说那件事不是他做的。

孩子们愿意去做一些力所不能及的事情，这是非常值得肯定的，但是在还没有做好准备的时候（也就是能力不足）就开始做，会对自己的能力做出错误的判断，于是就会说谎。等到因"谎言"引发错误的结果后，又因为担心"挨骂"，甚至挨打等惩罚，而选择逃避这一经常与说谎连用的处理方法。

在图画书《谎话怪兽》中，作者对这类谎言分析得更为明晰。

开始共读吧

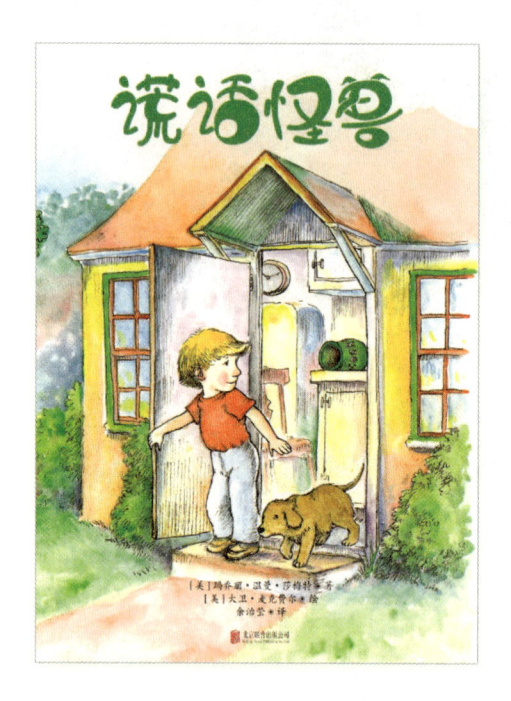

《谎话怪兽》

[美] 玛乔丽·温曼·莎梅特著，大卫·麦克费尔绘，余治莹译，北京联合出版公司，2018 年 3 月出版

故事开篇就说"我撒谎了"，而且对这个谎言做了具体的界定，"一个大大的、胖胖的、高高壮壮、巨大无比的谎话"。这是什么样的谎言呢？小男孩吃光了罐子里所有的饼干，可他却对爸爸撒了谎，不承认饼干是他吃的。

他为何说这个谎言呢？我们看图上的爸爸和妈妈的姿势和表情，就能猜出原因了——"我"明明可以老实承认的。

我明明可以说："饼干是我吃光的。"不过，我爸爸可能会生气，我妈妈可能会生气，还有我姐姐也可能会生气。

第五章 谁还没说过假话呢

事实上,就是我吃光的,
我却撒了一个谎。
我明明可以老实承认,
我明明可以说:"饼干是我吃光的。"
不过,我爸爸可能会生气。

我妈妈可能会生气。

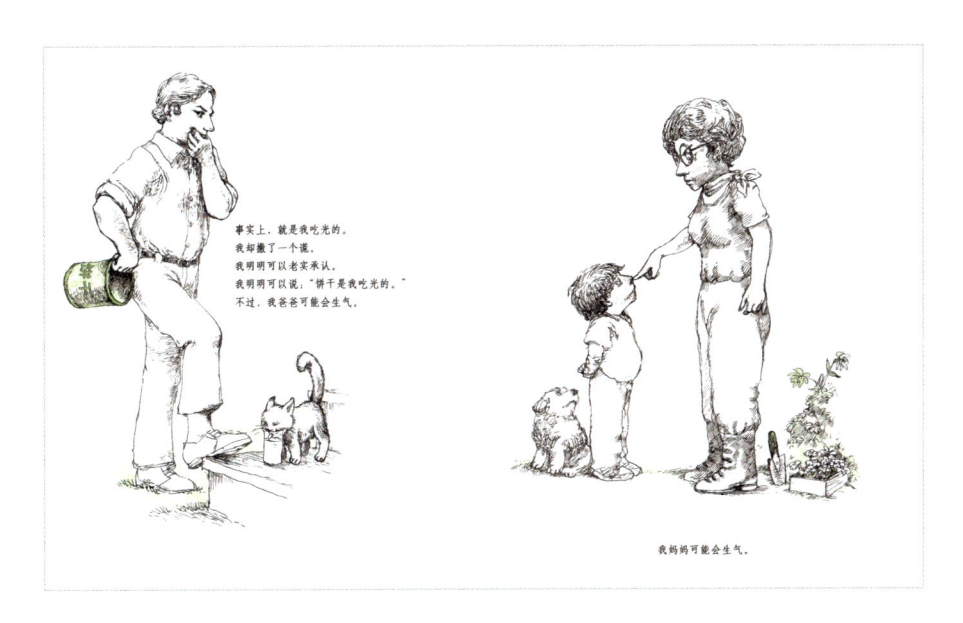

《谎话怪兽》内页:开门见山地道出孩子说谎的原因

这比《老虎,别怕》中的老虎担心得更具体。

为何会有这种担心呢?

因为幼儿会通过"察言观色"形成一种机制。经过了母子一体化(2岁前)时期的幼儿通常具备这种"能力"——取悦面前较为权威的人,包括取悦爸爸妈妈。他们开始意识到自己的行为会产生的后果,比如,把自己"碰倒了奶瓶"和"妈妈不高兴"联系起来,为了避免妈妈不高兴(也包括避免妈妈因为不高兴而采取了幼儿不喜欢的处理方式),有的幼儿会否认事实。

怎么否认呢?"不是我弄倒的"是初级的否认,"是小猫碰倒的"就"高级"一点——"能力"强的孩子会选择不同的否认方法。

是的,说谎也是孩子能力发展的一种外显。

这表明孩子的大脑进一步成熟,可以用语言来掩盖行为。加拿大多伦多大学儿童研究所对1200名2~17岁的儿童及少年进行了研究,研究发现，2%的2岁幼儿、50%的3岁幼儿、90%的4岁幼儿会说谎；年纪越大比例越高，到了12岁，几乎每个儿童都会撒谎。此外，研究还发现，从16岁开始，孩子撒谎的比例降至70%。

后续研究表明，说谎与逻辑思维、语言表达、执行能力呈正相关。即使除去年龄增长因素，也是认知能力比较强的孩子更容易说谎。换句话说，聪明的孩子更容易也更会撒谎。

研究还发现，大脑认知能力越强的孩子讲出来的谎话越可信；讲出来的谎话越可信的孩子，长大以后思维越灵敏，也越懂得思考。心理学家发现，6岁的孩子中只有18%的人能区分真实和想象，而9岁的孩子中有90%的人能理解故事是编的还是真实的，11～12岁开始又会从新的角度理解诚实的问题。

但是，我们也不能因此鼓励孩子说谎，从道德观、价值观来说，说谎不是值得肯定、提倡的行为。

我们回到《老虎，别怕》和《谎话怪兽》的故事中，看看故事中是如何消弭或者帮助孩子建立正确的观念的。

"老虎，别怕！"在小夏的鼓励下，老虎随着小夏回到了家，他们约定由小夏来告诉父母事情的原委——这给了老虎一个缓和的机会。到了家门口，老虎远远地躲着，小夏勇敢地面对大人，坦诚地讲述自己犯的错误后，得到了大人的谅解。有了这样的结果，老虎也出现在了门口……然后一家人一起去做茶。

在《谎话怪兽》中，用一个怪兽把说谎后的"心理负担"可视化了，一个"大大的、胖胖的、高高壮壮、巨大无比的谎话"怪兽出现在画面上。这种浪漫的处理，会引发读者的兴趣和共情——让孩子们看到了自己的"担心"带来的麻烦和可怕的后果，甚至有点儿恶心的结果，因为这个谎话怪兽有着黏糊糊的脑袋、鼻涕流不停的鼻子和圆滚滚的大肚子。

第五章　谁还没说过假话呢

　　小男孩用尽各种办法想让它离开，可是谎话怪兽却变得越来越大……我们能预测到故事的结局，一定是小男孩找到爸爸妈妈承认了自己的说谎行为——面对可能的担心，比面对这样一个怪物可难得多。

《谎话怪兽》内页：在故事的结尾，男孩战胜了谎言怪兽

有意和无意

老虎和小男孩的说谎属于"有意说谎",有的孩子的谎言则属于"无意说谎"。无意说谎的行为多出现在孩子的想象力发展时期,这个时期的孩子对抽象事物的了解存在偏差,会形成他们自己认为的"真实";还有的孩子会对未来的事物产生一种不自觉的幻想,有时甚至会把幻想当成现实,把某种事物夸张到不真实的程度。

我们要注意区分孩子有意和无意说谎的行为,特别是在孩子的想象能力很丰富的情况下,更要注意甄别。

我们再来看两个小故事:

故事一:我和长颈鹿举高高

周末,妈妈带小海去动物园玩,他们一起看了老虎、狮子、大象、猴子、大熊猫等好多动物,还有小海最喜欢的长颈鹿。

"妈妈,爸爸要是不加班就好了,这样他就可以像长颈鹿那样把我举得高高的了,我就能看到更多的猴子了。"

"妈妈,快看,长颈鹿能吃到最上面的树叶,啊呀,他都快要吃到云朵了。"

……

小海跟妈妈说东说西,回到家还在想着动物园之旅。等他回到家里,看到刚加班回家的爸爸,赶紧把各种见闻告诉了爸爸,还说:"爸爸,今天长颈鹿还跟我玩举高高了,比爸爸举得高多了,我都能摸到云朵了。"

爸爸听完愣住了，经过妈妈的解释才明白：原来小海将自己的幻想与现实混杂在一起，无意识地说了一个"谎话"。

故事二：我明天要去迪士尼玩

周一，小凡一进大一班教室，就开开心心地告诉幼儿园老师："老师，老师，我妈妈明天要带我去迪士尼玩，我都等不及了。"老师很奇怪，明天才周二，又不是周末，又没放假，也没听到小凡爸爸妈妈说要请假啊。

等到下午放学的时候，老师询问来接小凡的爷爷才知道，原来昨天晚上家里人商量，等放了暑假会带他去迪士尼玩，并不是明天。

小凡因为对时间的理解和记忆有点儿模糊，导致说了无意识的"谎言"。

我们会发现，有的孩子对一些抽象概念的理解和记忆不是很精确，比如对时间、空间、方位、大小、数量等往往容易产生混淆，甚至会把将来当作过去。

从以上的小故事可以发现，无意说谎是我们常常不注意的，有时甚至会让我们认为孩子的想象力很丰富。反之，我们对孩子的有意说谎会更加在意，因为成人对成人之间的有意说谎非常反感。

我们为什么会反对说谎？因为成人的说谎易引发诚信危机。古代君子要求做到"文、行、忠、信"，子曰："人而无信，不知其可也。"意思是人若不讲信用，在社会上就无立足之地，什么事情也做不成。西方也是如此，西塞罗说"没有诚实何来尊严"，莎士比亚也说："失去了诚信，就等同于敌人毁灭了自己。"

"不说谎"是诚信的重要内容，是一个人基本的价值取向和社会的基本准则。我们应该帮助孩子逐步建立这样的价值观。

孩子说谎的五种动机

儿童说谎的情境有很多种，除了前文提到的"掩盖过失""期望成真"外，还有如下三种情况。

1. 求接纳

有的谎言是为了被同伴接纳而说。比如，身边的小伙伴去过迪士尼，尽管自己没有去过，也会说自己去过，这样就可以与小伙伴有共同的话题，不至于被排斥。

2. 求关注

有的谎言是为了得到关注而说。比如，孩子们在特定的时间段会聊起父母的职业、家住哪里、家里开什么车等话题，有的孩子会把自己希望的家庭样貌说出来，比如，家里有两个厕所，有个可以玩耍的大院子，等等；有的孩子会把自己喜欢的职业安到父母身上，比如，说爸爸是消防员，妈妈是航天员，等等，这样就能使自己与众不同，希望引起伙伴的关注。

在家里也有为了获得父母的关注而说谎的情形，希望通过撒谎获得父母的关心，引起父母的注意，让父母把更多的精力放在自己身上。这里多说一句，我们可以从孩子的谎言里反思自己对孩子的关注度，特别是多子女家庭。

3. 有样学样

模仿父母。孩子经常通过观察父母来学习。如果父母也有说谎的行为，孩子很容易模仿。

以上种种情形，在接纳之余，在为孩子的能力增强而暗暗赞许之余，我们如何应对孩子的说谎行为呢？

·慢师傅家教招式·

1. "一二三"，三步减少孩子的说谎机会

第一步：对孩子的行为予以确认。这不是说要在家里"安监控"，我们可以根据孩子的行为和自己的观察进行判断。大人与孩子之间的信任关系是亲子关系和谐的重要支撑，如果大人出现了误判一定要诚恳道歉。前文故事中孩子说要安装监控说明很有可能是一起"冤案"。

第二步：区别对待不同类型的说谎行为。

首先，对"陷入幻想"的无意且还有些可爱的、富有想象力的谎言不必当真。有时候，我们可以与他们一起cosplay，在"编瞎话"与发展想象力之间搭建一座桥梁。

我女儿在3岁时进入幻想模式，今天是大脚丫，明天是鼠小妹，第三天又变成了芭蕾精灵安吉丽娜……我们就跟她一起疯玩，扮演她喜欢的童书故事里的各种人物。很快，女儿的这种被老人认为"瞎说"的行为就消失了。

类似的还有，孩子会想象出各种隐性朋友，他们相信"万物有灵"，常常跟一个有形或无形的玩伴说话、玩耍，有时候还会把真实与幻想搞混，他们会说："葫芦娃送我好吃的了，我吃饱了，一点儿也不饿。"

随着孩子年龄的增长和思维的不断成熟，他们会逐渐明白想象与现实的区别，那些"谎言"也就会自然而然地消失了。

其次，对于求关注、求接纳的孩子，我们可以创造一些让孩子表现的机会，让孩子成为活动、事件的主角，常常鼓励和赞美孩子，满足他们的心理需求，就能减少他们"说大话"的机会。

至于炫耀性的谎言，像前文提到的明明没有去过迪士尼，却顺着同学的聊天说自己去过……这样的大话很容易露馅，大人可以跟孩子聊聊，一

个是从语言传播的角度聊，一个是从正确的交友观聊，然后可以跟孩子聊聊"攀比心"的话题。

再次，对待孩子已经出现的各种类型的谎言要以平常心对待，不视而不见、不夸大其词、不放大缺点、不贴标签，也不必严厉盘问、指责和惩罚。

要尝试为孩子创造说真话的宽松环境，当孩子主动说了实话，要及时表扬孩子的诚实，然后再妥善处理孩子犯的错误。这样孩子以后就会勇敢面对错误，不仅主动说真话、担责任，还会将注意力转向挽救、弥补过错，进而解决问题。

又次，当我们发现孩子出现"有意说谎"的行为时，要耐心教育，批评和教导相结合。

孩子故意说谎的原因与大人撒谎的原因类似，有时是想通过谎言达成他们想要的结果。一旦发现孩子有这样的言行，我们应当先表明不认可的态度，明确说明对具体的说谎行为很失望，但不必升级（如"从小偷针，长大偷金""偷一次就等于偷千次"等说法），要提出批评并制定相应的处罚规则。

最后，大人不要在孩子面前说谎，要做好榜样示范，即便是一些善意的谎言也不可以。

常被孩子认定为谎言的情况就是大人没有兑现承诺。成人在对孩子承诺前务必三思，一定要认真履行承诺，如果没有兑现承诺，一定要及时向孩子说明理由，取得孩子的理解。

第三步：调整对孩子的期待。父母可以在经过第一步、第二步的处理之后思考这个问题，也可以作为第一步和第二步的前置行为。

父母对孩子的期望不要过高，更不要将期望与孩子的言行紧密挂钩，如果孩子表现得好就很高兴，满足孩子的一切要求，如果孩子没有达到期望就训斥孩子。长此以往，孩子很容易为了博得父母欢心，以说谎、吹嘘来掩饰自己还不具备的能力。

我们可以对"期望"进行分解，与孩子一起商定不同时期的目标。不必与别人家的孩子做比较，多关注孩子是否努力去实现目标，他努力的方式、方法是否与自身的能力匹配，是否有成长等。然后，要肯定孩子每一个具体的闪光点。

2. 跨文本共读——共赏电影

伊朗电影《何处是我朋友的家》值得在讨论本章的话题时与孩子一起观赏。当然，更值得在日常的亲子活动中进行家庭共赏。

伊朗的一个偏僻山村的小学里，一群孩子在课堂上聆听老师讲课。在检查作业的时候，老师发现内马扎迪屡次没有完成家庭作业，于是严厉地批评了他，说如果再犯就要将他立马开除。老师对学生强调这是帮助他们树立良好的规矩。当天放学后，小男孩艾哈默德赫然发现自己把同桌内马扎迪的作业本带回了家，他知道这个作业本的重要性，为了把作业本还给同桌，艾哈默德希望母亲和祖父可以施以援手，但是均告失败。所以，他只能孤身前行，到对面大山里的村落去寻找同桌，以归还作业本。然而，由于不认识去同桌家的路，所以他处处碰壁，遭遇了无法想象的艰难险阻……

这不是"在路上"的故事，而是串起了路途中的各个点、各个人，串起了成人的冷漠与儿童的执着。

看到艾哈默德进屋、上楼，出入地毯区的时候一遍一遍地脱、穿鞋子，就想到了另外一部电影《小鞋子》。几部优秀的伊朗电影都是这样的生活化、细节化。要做到这样，拍摄的镜头就得平实细腻。《何处是我朋友的家》这部电影的镜头还经常带着我们去看看小艾哈默德之外的生活，卖铁门的商人、做门窗的老木工师傅、爷爷的唠叨，看似毫无关系的情节正是孩子生存环境的真实写照。夕阳下的山岭、"之"字形的山路、土坯房屋、奔跑的小孩……这些散发着浓浓泥土气息的流动光影像一块大磁铁一样吸引着人们。

居于城市中的我们过着快速的生活，有着快速的解决方法——"不如直接就帮内马扎迪写好作业不就得了?!"何苦要送还?

　　童真就是这样失去的。

　　在影片中我们还可以看到,当成人拒绝跟儿童沟通,这个儿童的光芒就会黯淡下去。不论是老师,还是陌生人;无论是爷爷,还是妈妈。我们听不到儿童的话,不仅是不尊重儿童,也是对自己的放弃——我们终将像那位木工师傅,回到家,进门脱鞋,慢慢上楼,关上窗,然后陷入无尽的孤独中。

　　童年就是这样消失的。

第六章

守礼、有规矩会吃亏吗

想一想

你认同"守规矩会吃亏"的说法吗?

你们家里有哪些与礼仪有关的"家规"呢?

请罗列出来吧!

礼之原则

一段时间以来,在公共场所失礼、不守规矩的孩子被称为"熊孩子",大家将问题指向家长的疏于管教。后来,大众的负面情绪越来越多地指向"熊孩子",不乏对他们激烈的批评、训斥,甚至动手行为。

还有一种场景,比如我们家的亲身经历。在看儿童剧的时候,演出前会有一些关于文明礼仪的提醒,如安静观看、不离开座位、演出中途不得起立、不能跑到台前等,可是经常能看到有的孩子不遵守这些规定。有的孩子一直站着观看,坐在后面的小观众深受影响。我儿子就曾深受影响,但他只是不停地左右晃着身体,伸长脖子寻找空隙观看。后来我问他为什么没有站起来,他说:"我们要文明观戏啊!"

儿子六年级的暑假,有一次我与他一起排队,队伍很长,突然组织者说小学生可以优先,我小声提醒儿子,他却不为所动。我觉得他肯定是认为自己已经不是小学生了,当时我心想,这么守规矩到了社会上还不得吃大亏啊。

钱文忠先生曾经也说过,小时候守规矩的人进入社会后,90%的人会吃亏。我希望有礼有节守规矩的儿子属于另外的10%。

不守规则者往往更容易获得"眼前的利益",如排队玩滑滑梯,没有人制止插队的小朋友的话,插队的小朋友就会比老老实实排队的孩子玩得尽兴。当然,几乎所有的家长都会告诉孩子,你要排队,你要守规则。孩子就会疑惑:"我在排队,可为什么不排队的人可以玩得更多?"

类似的事情还有很多,比如过马路等红灯、在幼儿园玩玩具,甚至是在家里,一个孩子听了妈妈的话不做某件事情,而另一个孩子答应了妈妈却偷偷地做了，后者显然就是那个在事情发生的当下更快得到满足的人。

那么，还要不要遵守规则呢？

当然要啊！我们每个人都应该有规则意识。

规则意识是指发自内心的、以规则为自己行动准绳的意识，如遵守游戏规则、校规、社会公德、法律的意识。即便是一个小规则，它也是组成民主和法治社会的因素。

守礼与守规则是可以互换的。中国人一直重视礼的教化，礼最初是人们用来祭神祈福的礼节仪式，后来发展成为"礼者，人之所履也，失所履，必颠蹶陷溺"，成了人们各种实践活动的指南和准则。《礼记》中总结了礼的作用："夫礼者，所以定亲疏、决嫌疑、别同异、明是非也。"

很多名言警句都有着深厚的儒家传统礼教思想，"己所不欲，勿施于人"是非常重要的一句话，我认为可以称之为中国人的礼之原则。这句中国人的传统智慧，却成为一本西方人创作的图画书的书名，本身就是一件有趣的事儿。

开始共读吧

《己所不欲，勿施于獭》是一本关于礼貌的书。兔子先生家隔壁搬来了水獭一家，兔子先生从没有和水獭相处过，很担心他们相处得不好。好心的猫头鹰告诉了兔子先生一句老话——"己所不欲，勿施于人"，也就是说想让水獭怎么对待自己就要怎么对待水獭。于是，兔子先生开始思考对待水獭的方法：友好、懂礼貌、诚实、善解人意、懂得合作、遵守规则、愿意分享、不取笑别人、能够道歉和宽容……

在一次父母讲座中，有一位妈妈分享了一件事，令人感叹不已。她四岁半的儿子成了祖辈眼中"不懂规矩"，成了邻居口中"没有礼貌"的孩

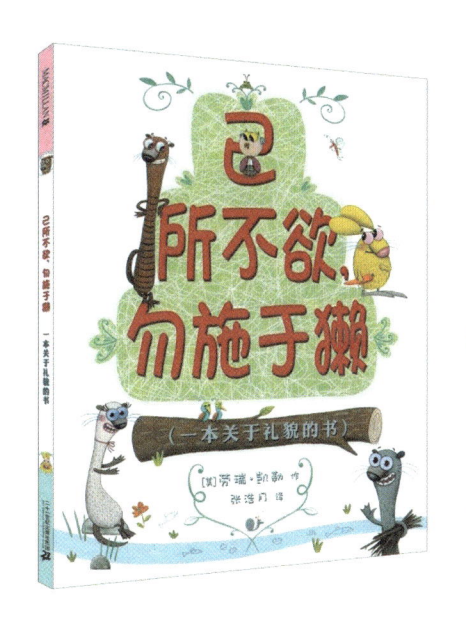

《己所不欲，勿施于獭》

[美]劳瑞·凯勒著绘，张浩月译，二十一世纪出版社集团，2015年11月出版

子，让这位妈妈倍感苦恼，因为她认为平时也教育儿子要有礼貌，见人要打招呼，见到长辈要问好，接受食物时要说谢谢，离开了要说再见，可为什么会得到这样的评价呢？

我想可能会有多种原因，我给了两个建议：一是要接受孩子这个年纪不愿意跟不熟悉的人打招呼，二是不要以孩子的身份跟他人打招呼，也别要求孩子去问好，而是自己要主动向他人问好。让孩子们感受到我们的礼貌带给自己和他人的愉悦与和谐，这样孩子会看在眼里，然后跟着学习并落实到行动上。

礼之仪式

关于生活中的仪式,绘本《房子,再见》给了我们一个示范。

开始共读吧

对于幼儿来说,或者对于所有人来说,"房子"不只是一个住所,更是生命存续的所在。幼童除了对自家依恋外,他们对自己曾经的各种"房子"都心生爱恋,如以前的家、幼儿园、小区的游乐场……如果不得不离开这些场所,孩子们都会频频回首、热泪盈眶。

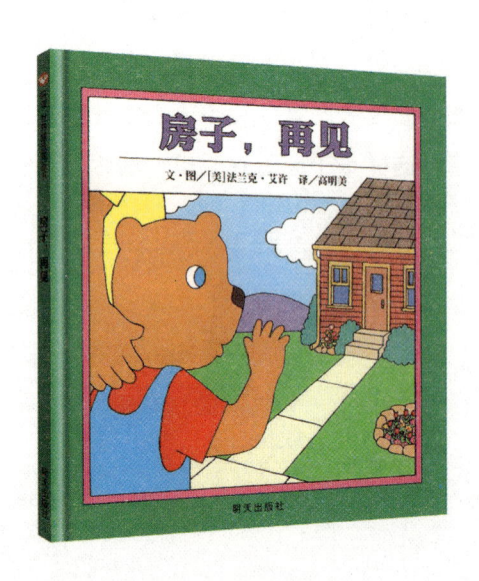

《房子,再见》

[美] 法兰克·艾许著绘,高明美译,明天出版社,2010年10月出版

第六章　守礼、有规矩会吃亏吗

"来吧，"熊爸爸说，"我们来说再见。"
他抱起小熊，带他走到每个房间。

他们跟餐厅

和楼梯说再见。

《房子，再见》内页：小熊父子跟房子一一告别

书中，小熊一家的行李都已搬上货车了，临走一刹那，小熊的心却仍悬着，他以为自己忘了什么。熊爸爸非常了解儿子面对"人去楼空"的那种惆怅的感觉，没有直接告诉他诸如"人生没有不散的筵席"之类的大道理，而是四两拨千斤地为儿子上了人生重要的一课——学习如何面对分离。熊爸爸带着小熊向曾经拥有的所有东西一一说再见，把最美好的回忆留在心中。

这个故事除了我和孩子亲子共读的感悟外，在一个商场嘈杂的环境里，我还听梅子涵先生讲读过。他提到，这个故事里首先回头走去的是小熊（孩子），可正式想起进行这个仪式的是一个父亲。这是一个值得赞许的父亲，他会有忽略和遗忘，但是他面对孩子的心情能被触动并立即响应，于是故事的主人就由一个变成了两个，变成了三个。当一个美丽的故事是由父亲、母亲和孩子一起完成，那么就会有"遗传"的力量，就很难离得开，等小熊长大了，独自住到自己的房子里，他对你的惦念会好深、好长，他永远也不可能愿意对你说再见。

我非常赞同梅子涵先生的观点，我觉得正是因为有了这样的精神仪式，孩子们不仅学会了跟房子再见，也学会了跟过往的生命再见，更学会了尊重和记忆生命的美好，学会了如何在迁移中安顿身心，快快乐乐地去面对新的环境。

我们的心房里，永远都有关于孩子的种种美好；孩子的房子里，也会一直有你我的存在。

第六章 守礼、有规矩会吃亏吗

· 慢师傅家教招式 ·

1. 独特的交流方式

在当今社会交往的电子化趋势下，人与人之间经常是"远在天涯又近在咫尺"，更有"近在咫尺却又远在天涯"的感受。成人社会交往的缺失，不利于儿童的交友需求。大人和孩子都要寻求突破，主动沟通交流。

图画书《公鸡的新邻居》十分生动地刻画了两个小动物迫切想要见到对方却又见不着的心情、表情，与小朋友需要友情有时却又遇到小小挫折的情形非常相似。

公鸡的新邻居是谁呢？

是一只猫头鹰。猫头鹰和公鸡正好相反，太阳落下去的时候，它起床。太阳升起来的时候，它睡觉。故事巧妙地把两种作息不同的动物凑在一起，

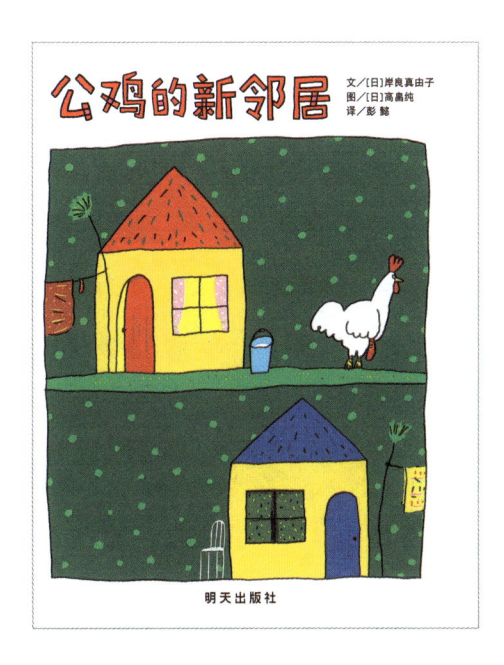

《公鸡的新邻居》

[日] 岸良真由子著，[日] 高畠纯绘，彭懿译，明天出版社，2014年4月出版

看着他们总是不能相遇的烦恼模样,我们的心情也随之起伏,特别是我们通过阅读知道了新邻居是猫头鹰,所以就想看他们如何打破僵局,如何持续交往。

书中一对邻居的状态像极了我们身边的小朋友。他们一方面出于对陌生人的本能戒备,不敢贸然示好;另一方面出于社会性的必然要求,想要结识新朋友,发展社交行为。公鸡在蓝屋顶房子前走来走去,心里反复设计着各种对话:"咦,还在睡觉吗?还是出门了?""是不是搬家太累了,起不来呢?"从这些细节中,我们看到了公鸡的期盼和热情,以及坚定无比的信念,还有天真地为他人着想的童心。

除了鼓励孩子主动交友,以及学习与不同的朋友进行交流(公鸡和猫头鹰利用留言板来交流)外,这本图画书对于如何接待来访客人也给了孩子们很好的提示,不是说教形式的,而是在故事的逻辑环节顺理成章地呈现。

这本书还教导孩子交友时怎样做才算"有礼"。图中,公鸡为迎接新朋友而精心准备美食。猫头鹰出门前也做了准备,重点是手里拿着一束花。

《公鸡的新邻居》内页:公鸡精心准备待客

第六章 守礼、有规矩会吃亏吗

而猫头鹰呢，
早早就起来了，盼啊、盼啊，
等着天快点黑。

等啊等，
等啊等，
等啊等。

《公鸡的新邻居》内页：猫头鹰手里有礼物

  这两张图包含了我们希望让孩子学习的待客之道。公鸡得知邻居要上门拜访后，梳理鸡冠、正襟危坐地等待新邻居来访的举动让人忍不住笑出声来。笑过之后，我们可以跟孩子讨论一下，家里来了客人是不是也要像公鸡那样，要注重仪容仪表，要注意家庭环境的整洁卫生，还要预备美食。同样，要是我们去别人家登门做客，也要向猫头鹰学习，带一个伴手礼，如鲜花等。同时，收到礼物后，也别忘了回礼——公鸡特意买了一副墨镜送给了猫头鹰。

  最后一点是要持续沟通。一开始，公鸡和猫头鹰互相看不见，没机会使用最直接的口头表达，于是公鸡写了封信贴在对方门上，才打破了僵局。这里展示了文字的意义和魅力。之后，在保持各自的作息习惯的基础上，两个房间之间有了一块黑板（留言板），两个朋友之间的沟通靠文字来传达——相比之下，现在孩子们的交流可是轻松、方便多了。电子设备的出现给孩子们之间的交往与交流带来了便利。

  我们可以鼓励孩子与家人、同学、好友"创造"属于自己的交流方式，教会孩子写日记、写信，或者是使用某种独特的密码信息，以游戏的方式让沟通更丰富起来，而不仅仅是使用智能手机沟通。

2. 规矩是可以打破的

前文提到"恐娃"和"厌娃"现象，多数发生在公共场合，因为孩子的不确定性导致一些成人的"讨厌"。大人的态度，从以往的提醒孩子，发展到直接训斥，极端的还会发展到上手"教训"孩子。我们除了呼吁对孩子多一些包容外，家有孩子的成人更要引导孩子在公共场所有礼有节。

实际上，成人对一些公共场所的规矩也存在着"不守礼"的情形，例如，2016 年暑假北京某野生动物园发生了一起老虎伤人事件，事件起因就是成人不遵守制度（"您已驶入猛兽区，请关好车门窗，谨慎驾驶""珍爱生命、严禁下车"等提示，赵某还与该野生动物世界签订了《自驾车入园游览车损责任协议书》，该协议载有"严禁下车"等相关内容），在园区下车调换司机，这些不守规矩的行为最终让赵某付出了失去家人生命的代价。

在《卢森堡公园的一天》中，三只小猪在公共场所"为所欲为"的情形应该很难见到了。

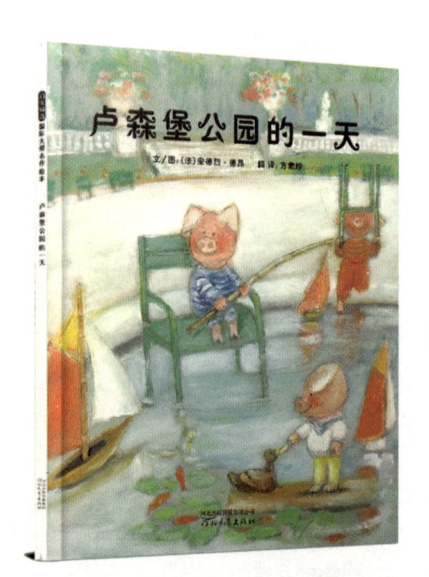

《卢森堡公园的一天》

[法] 安德烈·德昂著绘，方素珍译，河北教育出版社，2010 年 12 月出版

第六章 守礼、有规矩会吃亏吗

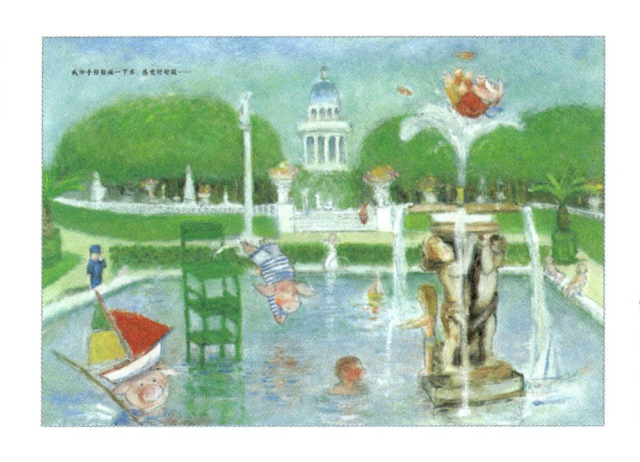

《卢森堡公园的一天》内页：三只小猪在公园里随心所欲地玩了一整天

三只小猪一进入卢森堡公园就看到一个好大的池塘，他们立马跳了进去，把这里当成了游泳池。在游泳池充分释放活力后，他们又跑到草地上滚来滚去。接着，他们一会儿乘着气球飞到皇宫的上空兴奋地和人打招呼，一会儿却又掉落在桌上弄乱了扑克牌……最初读这本书的时候，会觉得其中蕴含着对童心释放的包容，现在看来，其中的行为正是今天"厌娃者"所反对的。

《卢森堡公园的一天》从另一个角度表达了儿童与规则之间的关系。三只小猪知道自己做的事情是不合规矩的，他们在给大人的信中都说了谎，说的是反话。

但我们也要注意，在特殊情况下，规矩是可以打破的。这是生命教育的一个重要话题，我们要像《图书馆狮子》中的狮子那样，知道在图书馆里应该安静，尽管书中说"大家都不知道该怎么办，因为图书馆没有任何与狮子有关的规定"，但狮子到了图书馆也得遵守图书馆通常的规定。除非……

在遇到救助他人的紧急情况下，可以打破规矩："必要时，就算是在图书馆里，也可以打破规矩。"——这些情节又增加了更多的教育价值。

《图书馆狮子》

[美] 米歇尔·努森著，凯文·霍克斯绘，周逸芬译，河北少年儿童出版社，2011年5月出版

我们常说"礼多人不怪"，但我们不要理解为要多送礼物，这里包含着礼节要到位的意思。

这样做是自我发展的需要，也是自尊自爱的表现。

《图书馆狮子》内页：狮子在图书馆里挺守规矩的

第七章

给孩子帮倒忙的机会

> **想一想**

你是不是希望孩子能积极参与家务劳动?

你是不是觉得孩子还小,

做起事来不如你自己做?

第七章　给孩子帮倒忙的机会

允许孩子犯错

　　从婴儿可以独立坐起来以后，他开始拥有眼观六路的能力，他总是左看看右看看。看大人忙里忙外，他也想试试。当他开始自由行走，他也想像大人一样忙里忙外。这时候，你会给孩子机会一起做事吗？

　　比如，包饺子的时候给他一团面让他捏一捏，给他搅拌肉馅的机会，在孩子眼里，这是积极参与家务劳动，这也是玩游戏，也许他浪费了一团面，也许他不小心倒多了调料，也许他弄得满脸花花白白又得去洗。

　　相信有的家庭会出现这样的情形：包饺子、滚汤圆这样的事孩子们总是特别上心，拖地板、晾衣服这样的活他们也不怕麻烦——实际上，怕麻烦的是我们：孩子们的抹布总是湿漉漉的，到处滴水；包饺子时，孩子们的脸上沾了不少面粉，身上就更多了……相信很多父母都忍不下去，可能会急躁地把孩子凶一顿，暴躁地直接把孩子赶一边去："别干了，一边玩去，尽帮倒忙！"

　　孩子帮倒忙，父母怎么办？

　　换作是我，我会忍！

　　当孩子热情洋溢地做饭却错漏百出的时候，我的诀窍就是只看不吱声，除了能补救的比如撒上点盐、把火关了，其他的任由他折腾。当孩子积极地刷锅洗碗时，你得忍受水花四溅、水流满地的"恶果"！

　　现实生活中，经常还有一个对付爱帮忙的孩子的说法——"你还小，用不着你帮忙。等你大了再说。"特别是在隔代抚养的家庭中，爷爷奶奶、姥姥姥爷们更用不着孩子们动手，一切由老人代劳了。当然，老人们主要是担心孩子的安全："厨房里那么多危险的东西，万一孩子被锅烫了、被刀割破手了怎么办？"

慢慢地，孩子就不爱帮忙了。我们要珍惜孩子的主动性和责任感。

有一个叫作亨利的小孩，他很爱帮忙。

开始共读吧

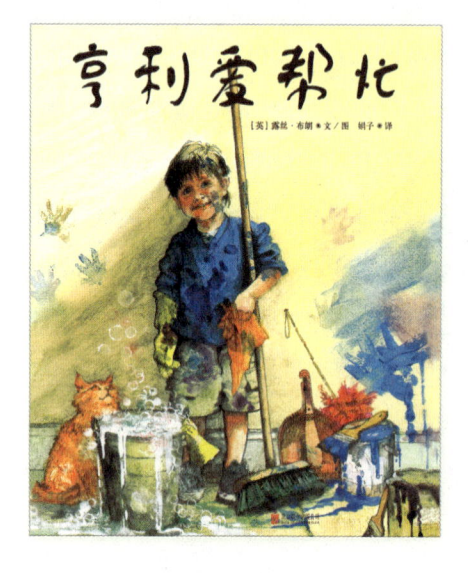

《亨利爱帮忙》

[英]露丝·布朗著绘，娟子译，北京联合出版公司，2015年12月出版

图画书《亨利爱帮忙》中的亨利是个勤快的小家伙。他认为，妈妈会很高兴他把浴室地板擦得很干净，然后是镜子，还有门。他擦洗了水龙头和洗脸池的塞子，还有垃圾桶和小地毯。马桶、浴缸和洗脸池，他也全都擦了一遍……故事是这么说的，图画还有补充：亨利在做这些的时候，弄得到处脏兮兮，水洒得到处都是，而且，他用来擦马桶的毛巾——"那是爸爸的擦脸毛巾！"妈妈面露"惊恐"地大喊大叫起来。

亨利回答："我只是在帮忙！"而且是笑容满面地告诉妈妈。

不仅如此，亨利还要洗袜子、洗靴子、洗帽子、洗靠垫，还有猫

第七章　给孩子帮倒忙的机会

咪——于是,家里到处都是水。"我只是在帮忙!"亨利叹了口气。

不仅如此,亨利还把椅子、床、窗户、橱柜、门和门把手都涂成了自己喜欢的蓝色!

最后,亨利还给爸爸妈妈做了一个特别的蛋糕,他在厨房一阵忙活,把玉米片、面粉、牛奶、鸡蛋、胡萝卜、黄油、盐、糖、香草统统放进烤模里……

"我只是在帮忙!"

是的,亨利是在帮爸爸妈妈分担家务,他最初的动机就是:他把浴室地板擦干净,妈妈会很高兴;把自己的衣服全都洗一洗,妈妈和爸爸肯定很欢喜;他要给爸爸妈妈做一个特别的蛋糕,爸爸妈妈会很吃惊……

所以,亨利真心不是要捣乱的,他是一个满怀着对父母的爱、渴望为家里做点什么的孩子,只是他还不知道要怎样才能做得好。但是,他的这种主动性和责任感是多么难能可贵!

虽然父母有时候不理解,但好在是在自己家里,一切都还能兜着,可是当亨利上学了,爸爸妈妈变得担心起来:亨利在班级里会有什么样的表现呢?老师、同学会不会跟一个爱帮忙的能干小伙子相处融洽呢?

《亨利爱帮忙》内页:看妈妈的表情,就能知道妈妈的焦虑

知道不同阶段的孩子可以做什么

敏感期真是个好词，有了这个词，我们会关注和观察孩子不同时期的兴趣点。"帮忙"也同样有敏感期。一般在孩子 2 岁前后，就会表现出要帮忙的意愿，比如，总是要求自己吃饭、自己穿衣服，还要帮妈妈擦桌子、拖地、洗衣服……这是孩子自我意识发展的结果，他们开始认识到自己的双手能够创造出某种结果，所以乐此不疲地模仿大人去干这些事情。但是这个时候往往由于自身能力不足（如手部精细动作发育不好）而不尽如人意。

孩子想帮忙是出自孩子内在成长的需要，爸爸妈妈如果总是拒绝，等将来希望孩子做家务的时候，可能他们反而不愿意了。所以，当孩子凡事希望"自己来"的时候，我们要给予鼓励和支持，并做出示范。

等孩子大一点，可以和孩子一起列出家中所有要做的家务，并一起讨论这些家务需要多长时间做一次，做一次要用时多久，难度有多大等，这能让孩子理解保持家的干净整洁是需要花费时间和精力的。

和孩子一起讨论哪项家务应该由谁完成，怎样完成。我们要让孩子知道做家务是每个家庭成员都应该负担的责任。不建议通过物质奖励的方式刺激孩子做家务，有些家务外的额外劳动则可以使用物质鼓励，如洗车。

亨利第一天上学到底上得怎么样？

妈妈在校门口焦急地等待，亨利最后一个才出来，老师拉着他的手，妈妈紧张起来，难道亨利跟在家里一样，干了很多坏事吗？

老师笑着说："我敢肯定，我以前从没见过这么勤快的孩子。"

亨利看着妈妈笑了。

读书的我们会想：妈妈的心里一定也乐开了花。

"安心丹"育儿金句

热情邀请孩子来帮忙，能让孩子感受到"我有用""我能干""我要像大人一样为家人做点事儿"。

每个孩子在被许可参与家务劳动的那一刻心中都会鼓起风帆，犹如出海的大船般雄赳赳、气昂昂。

第八章

热爱孩子热爱的

> **想一想**

你对什么会有极致的热爱?

你能说出自己孩子的"热爱榜"

前三项是什么吗?

第八章 热爱孩子热爱的

父母要有自己热爱的事情

有些人终其一生不知道自己真正热爱什么，有些人从来不敢说出自己热爱的事情，更别提投身自己热爱的事业了。不知热爱是什么感觉的这些人成为父母后，又如何在家庭教育中把热爱传递下去？

曾经有位妈妈问我："为什么我的孩子不热爱学习，让他背古诗不背，让他背单词也随便对付？有什么办法让他爱上学习，不用我操心？"我当时的反应是反问她："你热爱你的工作吗？你回家后和孩子说起自己的工作是不是很开心？"那位妈妈的回答是："怎么可能！我都工作二十年了，就是一份应付的工作，太没意思了。"那么，以学习为主要"工作"的孩子，自然也不会热爱他的"工作"。

作为陪伴孩子成长的家长，日复一日地言传身教是最显性的家庭教育。很难想象，一位有着应付心态和状态的家长，能够让孩子有认真学习的动力。大人在孩子面前是透明的，他们能清楚地看到大人对工作是不热爱的，所以他们挑战学习中一个又一个困难的意愿也就无从谈起——干吗要学习？只为了未来做一份没有趣味的工作吗？

热爱，可抵岁月漫长。热爱，会让生命发光。

热爱是起点。我们一定要好好热爱自己的生命，我们要给每一天赋予特有的意义。不苟且的生活状态，就是孩子前行路上最好的助推器。当你热爱你的工作生活，带着一腔热忱，花一定的时间，陪伴孩子寻找他热爱的事物所在，一切美好都将自然而然发生。

当然，每个孩子都是独一无二的，从出生开始，只要家长给孩子机会去探索，孩子会不断产生好奇心，这时候大胆陪伴孩子去尝试各种各样的乐趣——甚至很多是父母自己未曾经历过的，这就给自己和孩子一个新的机会——"有可能我会热爱"。"尝试—热爱—再尝试—放弃—新尝试—热爱"的循环就此形成，饱含热情去尝试，花费时间和精力甚至金钱，但总比把孩子早早框在一个固定的格子里只有一种样子的好。就如同我们所倡导的亲子阅读的益处——在打开一本又一本书时，我们也给孩子打开了一个又一个可能性：原来这个世界上还有人这样过日子，原来有的家庭是这样和世界相处的。

开始共读吧

《不一样的1》非常适合大人读，它能够触发我们对"因为懂得所以热爱"的共鸣。这本书的作者吴亚男曾经做过幼儿园老师，我猜她的脑海里一定有无数与孩子们共同生活的故事场景，所以她为我们呈现了一个简单而又高明的故事。读这个故事的时候，我就在想，如果我们的孩子能遇见这样的老师多好，每一个小朋友给出的答案并不一样，老师都会给予积极

《不一样的1》

吴亚男著，柳垄沙绘，明天出版社，
2021年6月出版

的回应，那种充分的欣赏和鼓励，对于孩子来讲是多么幸运和幸福。在孩子成长的过程中，要允许不一样，鼓励独特性，让孩子保持好勇气和创造力是最重要的。

女儿上小学的第一次家长会上，校长在台上讲了很多理念，我印象最深的就是"每个孩子都是独一无二的，学校会为孩子的独一无二提供支持"。校长举例说一个学生喜欢剪纸，学校为她开了选修课。后来这个孩子的剪纸作品还拿到国际舞台去展示了呢。在我女儿的小学生涯里，她连续三年选修的衍纸课只有个位数的同学在上，但学校仍坚持开这门选修课。六年后，在我女儿的小学毕业典礼上，我有幸作为家长代表发言，我也用我六年的家长体验呼应了当年校长的话——"感谢学校支持孩子的独一无二，就如当年入学一样，老师们做到了。"

女儿六年的小学生活中，时时有这样的故事发生。国家提倡教育家精神，我深深地在我女儿的各位老师身上感受到这种精神的力量，而且在无数次感受中体悟到教育家精神意义非凡。有一件事给我的印象特别深，我女儿三年级时，说话一着急就容易结巴，我也没有什么好方法。有一天，她放学回来对我说："老师说我聪明，脑子转得特别快，所以嘴巴跟不上才会这样……"这真是一个绝佳的说法，没有对教育的热爱，老师不会有这样的表达。还有一次，我参加班级的开放课，一个男孩在老师提问时抢到机会，当他站起来回答时，却一直"我……"了十次，那个时刻，老师和同学都极其默契地等待着他，直到他表达完整。当时，我在想，有这么好的默契，可见日常即使没家长观摩，孩子们也是能获得耐心的等待和尊重的。多年以后，这个男孩中考所有科目全部满分，位列全北京市第一名。

我一直觉得成年人对孩子影响特别大，凡事都往积极方向表达的成年人，真是对孩子特别温暖。愿我们的老师、我们的家长，眼里饱含善意，用好的语言点亮孩子的每一次尝试。

受言传身教的影响和养育环境的熏陶，大部分孩子会自然而然地爱上父母热爱的事情。比如，我们家爷爷、外公和爸爸都是摄影爱好者，家里单反相机、各种类型的镜头和脚架多到泛滥成灾，大人们经常相约去什么地方拍日出或者星空，女儿从小耳濡目染，并且有自己的小相机，也会跟着玩，练手感和构图，加深对光的感知、对成像的理解……很多名词术语在家庭场景里高频出现。一家人出游时，摄影也是高度关注的话题。自然而然地，孩子热爱上了大人热爱的事情，也大概率会发展成为他们热爱的事情。已经上高中的女儿现在经常接到拍摄邀请，并且开始获得一些付费的订单，这让她备受鼓舞。

开始共读吧

《我可能会成为一个画家》中也有类似的故事，书中的妈妈给我们以启迪。喜欢涂鸦的孩子千千万，允许孩子自由自在涂鸦的妈妈少之又少。在这本绘本中，我们能看到千家万户熟悉的孩子，他们热情洋溢地"奋发涂墙"，只要你表达肯定和欣赏，那么每天他们可以创作出无数的作品，速度之快、范围之广，会让很多想象力枯竭的大人汗颜。当然，如果你是

《我可能会成为一个画家》

商晓娜著，西西绘，青岛出版社，2020年5月出版

第八章 热爱孩子热爱的

《我可能会成为一个画家》内页：看孩子的表情，就知道孩子的心情

孩子的妈妈，你还追求家里井井有条的秩序感，一切在每一天结束时要恢复原状，那你可能经常抓狂。

书中的妈妈经历了要"爆炸"的心路历程后，最终找到了智慧的解决办法，送给孩子图画本！这样既可以把作品一页一页保存下来，还可以随时拿到外面去展示给别人看。

这给我们以启发，我发现我身边也有妈妈重拾画笔，走进画室开始临摹、开始创作。人到中年，因为育儿发现自己小时候的爱好还在，那就大胆探索，给自己提供创造各种可能性的机会。在养娃的过程中，不知不觉地还把自己重新养育了一遍，何其有幸！

当然，在育儿过程中，我们如果能探索出自己新的爱好就更好了。比如阅读，当你陪孩子读过上千本书，你会发现原来你也如此热爱阅读！原来阅读可以是这样的。很多人从未在阅读中体验到快乐的原因，一方面是没有遇见合适的书，另一方面是在形成阅读体验、养成阅读习惯的黄金期（童年时期）阅读资源匮乏，缺少阅读环境这些客观原因，比如家庭成员没有阅读习惯，在童年时期没有儿童书架，去书店仅仅是买教辅书。

父母要支持孩子的爱好

我们只有不断提升教育认知，才能为孩子创造更多探寻爱好的机会。反之，当孩子对图书表现出极大热情时，家长不耐烦或者不认可的态度，不知不觉间就会消磨掉孩子可能的爱好。

十年前我曾经参加国际童书展，一个场景一直让我"耿耿于怀"。记得那次书展是在上海这座文化气息很浓的城市举办的。当时有一个6岁左右的女孩被我们展台的一本书吸引了，她正专注地翻阅着，她的爸爸走过来，发现女儿看的是绘本，就很严肃地说："你马上上小学了，怎么还看这种带图的书呢？"然后他不顾孩子反对，就把孩子拉走了。过了一会儿，这个女孩又回来看那本书，因为她没有看完呢。很快，那位父亲又跟过来对他女儿说教了一通，把小学要具备什么技能"巴拉巴拉"讲了很多。每次回想起来，我都有点儿后悔没有去跟那位父亲做些沟通，虽然明知没有多大效果。一晃十年过去了，我一直惦记着那个女孩，不知道她还热爱阅读吗？

我看到的、记住的其实不仅仅是"一"位家长，有很多父母都难以爱上孩子热爱的事情，也难以耐心地去观察孩子的喜爱。特别是如果孩子热爱的领域是家长"百思不得其解"，甚至还挺反感的，怎么办呢？

比如，孩子喜欢拆装玩具，刚买的汽车玩具玩不了几天就被拆成零部件，还丢得到处都是。有的家长是不是就开始抱怨、反对，进而扼杀？其实，可以给孩子买些整理收纳盒，交代孩子拆后先放置起来，看看什么时候凑齐更多零部件还能组装出什么新物件。孩子喜欢拆东西的背后潜藏的是孩子的好奇心，他想知道里面都是由什么组成的，为什么这些零部件能够组成这个样子。家有这样的孩子，建议大人提供足够多的可供拆和组装的物件，同时要教孩子收纳的方法，提供收纳的工具。比如各类颗粒积木，要分门别类放好，再找些图纸供参考，也许孩子会有惊人的表现——未来的工程师、设计师或许就从这小小的爱好中出现了呢。

现在我们提倡为了"中国梦"而学习和工作，实现梦想需要很多优秀的个性品质做支撑，如执着。

我们可以在许多绘本中发现执着的好榜样。比如，《共和国脊梁》这套书，讲述了影响中国科技发展进程的科学家故事，我就觉得非常值得父母和孩子共读。

"安心丹"育儿金句

热爱，才是永动机的内核。

帮助孩子去热爱，敢热爱，持续热爱，是爸爸妈妈的责任。

第九章

尊重孩子的所有权

想一想

你知道孩子们为什么不愿意分享吗?

儿童还有物权敏感期?

如何帮助孩子说"不"呢?

第九章 尊重孩子的所有权

分享并不总是很容易

对孩子来说，分享并不容易。

古今中外总有一些经典的故事教化孩子们要分享。我们有四岁能让梨的孔融，欧洲有七色花，美洲有彩虹色的花，都是讲给孩子听的分享相关的教育故事。

幼儿在两岁之后，自我意识开始萌发，物权意识也渐次萌发，会发展出一些与成人的规则格格不入的幼儿主权原则：

- 我看到的就是我的；
- 如果是你的，但我想要，就是我的；
- 我的，永远都是我的。

大人要是知道幼儿心里是这么想的，肯定会吓一跳。当然，他们早就忘了自己小时候的想法。这个年龄段的孩子，只能设想自己的观点，却无法了解别人的感受。因此，"分享"这个观念对他们来说很难理解。尤其是两三岁的幼儿，特别喜欢抢别人手上的玩具。

所以，"分享并不总是很容易"成了一本图画书的书名。

开始共读吧

在故事中，小兔邦妮的表弟要来家里玩，妈妈是这样叮嘱她的："他还是个小不点儿，你要让着他。记住，一起分享很重要。"

《分享并不总是很容易》

[英]萨莉·安妮·嘉兰著绘，青豆童书馆巴哑哑译，重庆出版社，2015年10月出版

　　表弟一来就要玩邦妮心爱的小熊，把她的床当成蹦床，玩化妆游戏的时候又是抓、又是抢，项链撒了一地；邦妮看书，表弟来推搡；邦妮看电视，表弟挡在前方；邦妮去画画，表弟在画上乱画；邦妮要吃梨，表弟伸手抢——可不像孔融啊；表弟还打碎了厨房里的盘子……邦妮气鼓鼓、怒冲冲，心里想着表弟快点走吧，实在受不了啦！

　　妈妈这个时候对邦妮说："宝贝，试着耐心点，妈妈知道这很难的。表弟只是想和你一样，所以不管你做什么，他都要模仿你。"

　　表弟临走的时候，跟邦妮分享了他的抱抱，还有感谢！

　　这本书的英文名就叫 Share，直译就是"分享"，看来编辑自己深感"分享并不总是很容易"，才把这句话变成了书名。

　　故事中的小表弟像大多数小宝宝那样，"我的是我的，你的也是我的！"这与前面我们说的"物权"意识的萌发有关系。另外，他们的行为里包含着崇拜大哥哥、大姐姐，而想要模仿的心理动机。

这种动机常常造就众多的"跟屁虫",有的孩子会受不了"贴身进攻"——自己做什么,小小孩也做什么,关键是能力还达不到,自然做不好。大孩子因为提前受到了特殊的叮嘱,会做出忍让,直到忍无可忍。

这本书探讨的是"分享",这也是很多爸爸妈妈想"培养"孩子的一个好品格,不过我想提醒爸爸妈妈们的是,不能忽视孩子的"物权"观,要帮助孩子懂得珍惜自己的物品,维护自己的权利。要在这个基础上进一步引导孩子尊重别人的物品。

书中的表弟对"别人家"有着强烈的新鲜感,再加上崇拜引发的模仿,但他没有邦妮那样的能力和对"自己的物品"的呵护。邦妮并没有直接与表弟发生冲突,也是值得赞许的做法。本书会让阅读的孩子以她为榜样,在遇到表弟的"入侵"时,学会转移、学会包容。

故事中邦妮妈妈的做法给我们前后不太一致的观感:表弟上门前,妈妈就叮嘱邦妮要跟表弟分享,然后不论邦妮做什么,妈妈都像念紧箍咒一样一遍遍地在旁边重复提醒:你要和弟弟分享哦。

《分享并不总是很容易》内页:妈妈总是建议邦妮"你要和他分享哦"

《分享并不总是很容易》内页：邦妮最后无法忍受了

故事的最后，在邦妮经历了漫长和众多的"分享"后，妈妈则是完全站在了邦妮的角度，她说："宝贝，试着耐心点儿，妈妈知道这很难的。表弟只是想和你一样，所以不管你做什么，他都要模仿你。"

这是非常贴切和准确的，既充分理解和同情邦妮的处境，也点明了表弟行为的心理动机，同时也是对邦妮耐心的赞赏。

最后，我的建议是不必"强行"引导分享，一定要在孩子建立了物权意识后，在孩子理解和自愿的基础上引导他们去分享。

第九章　尊重孩子的所有权

建立在物权观念上的分享

> 开始共读吧

《太多，太多啦！》

[英] 凯蒂·哈德森著绘，范晓星译，北京联合出版公司，2022 年 12 月出版

　　《太多，太多啦！》让我心情很沉重，因为我的家跟塞满了胡萝卜的兔子洞一样，到处堆满了童书。我也想了各种办法，捐献给一些班级做班级图书角，送给侄子们。我还去街道办、居委会问过，能否共办一个社区儿童图书馆，可是没办成，所以最终也没能解决问题。

　　书中的兔子要比我幸运得多。

兔子是爱胡萝卜的，我们看他家的"存货"就知道了；兔子是爱劳动的，胡萝卜不是天上掉下来的；兔子是有方法的，种植、收集种子、存储；兔子是聪明的，遇到问题愿意向小伙伴们求助——只是求助的角度似乎有些问题，没有解决本质问题，而是"胡萝卜占据了兔子窝，兔子再去找一个窝"，于是与乌龟、小鸟、松鼠、海狸挤一挤。貌似还不错的解决方案，结果却不怎么样——摔裂了龟壳、压垮了鸟巢、挤坏了松鼠家、冲垮了海狸家……对了，我们还可以从书中看到不同的小动物各具特色的家，主角的家当然是兔子洞、乌龟的家是背在身上的、小鸟的家是鸟巢、小松鼠的家叫"树干别墅"、海狸的家是"水上木屋"，不经意间让孩子们认知了地上跑的、天上飞的、水里游的不同动物的家。

　　这样的童话是符合孩子的想象世界的。兔子要和乌龟挤一挤，为何乌龟担心是不是"太亲近了"，原来兔子直接钻进了乌龟壳里，这个是我们成人想不出来的吧？

　　这样的兔子是符合孩子的那个现实世界的。喜欢胡萝卜就多多益善地"拥有"，尽可能地"收藏"、尽可能地"独享"。自己的家里装不下了，能想到的第一个解决办法居然是另外再去找个新家！

《太多，太多啦！》内页：兔子的家都让胡萝卜"住"满了

兔子觉得糟透了。他的朋友们又冷又累，无家可归，而这都是他的错。
让他感觉更糟的是，他自己全部的胡萝卜和小窝仍然完好无损。

这时，兔子意识到他只有一件事情可以做……

"我需要一个睡觉的地方。"兔子对乌龟说。
"你可以住我的房子里。"乌龟提议道。

"你的房子看起来温暖又舒适。"兔子说。

"也许挤两个人有点**太温暖舒适了吧**?"乌龟暗示道。

"一点也不会。"兔子说。

《太多,太多啦!》内页:兔子这次看中了乌龟的家

  这样的兔子到底哪里好?却总是有朋友一个接着一个愿意帮助他。而那些帮助他的乌龟、小鸟、松鼠、海狸的家也依次被胡萝卜挤得"稀巴烂",特别是乌龟,浑身上下伤痕累累。可是他们都没有流露出因帮助兔子而受灾受难的委屈,反倒一直与兔子一起去寻找下一个解决问题的方法。这样的陪伴也间接促成了兔子的"转化"。这正是同伴教育的最佳效果。

  书中的兔子仿佛2岁多的孩子,开始对自己的物品、自己的家百般爱护,却没有呵护小伙伴的家。一方面是他不知道如何"呵护",另一方面是这样"破坏性"的学习,更容易学会同伴之间的谅解与相互尊重,从而习得尊重他人物品的社会规则。携带胡萝卜(兔子的私有财产)搬家的过程,也是兔子学会合理的物权转移的过程。故事的最后,回到自己家的兔子保留了因拥有"物权"而获得的安全感、满足感,并且因为分享了朋友的物权而产生了"回报"的想法,从而心甘情愿地分享自己的家和胡萝卜。

《太多，太多啦！》内页：兔子带着胡萝卜挤进了乌龟壳里，结果他们摔了一个大跟头

    故事中，兔子每次"搬家"都要带着胡萝卜，从前文说的物权意识来看，这正是物权意识支配下的行为。从故事中我们无法得出小兔子不愿意与小朋友分享的结论，也看不出他愿意与小朋友分享，这样就给结尾的"拔高"留了想象的余地。

    在与女儿共读时，女儿说："对啊，兔子早该请大家来吃，多吃点房间就不挤了。"是啊，孩子的道理就这么简单。

    在故事的结尾，兔子和乌龟、小鸟、松鼠、海狸每天都吃胡萝卜大餐，家里再也不会没空间了。故事的文字既然已经点了题，在亲子共读的时候，爸爸妈妈就点到即止吧，别再拓展大道理了。

    只是我，在阅读乐趣之外，还要想想如何解决家里的书太多的难题。

    当代社会，物质发展到了前所未有的高度，人们不再为缺衣少食烦恼了，越来越追求精神上的享受和富足，慈善和公益已经成为公共话题，儿童也可以通过大人的言行、通过参与力所能及的活动，理解"分享"的含义和价值。

·慢师傅家教招式·

1. 不要过分追求"谦让"的美德

很多孩子一开始是敢于说"不"的,但是家长可能给孩子灌输了太多"谦让"的思想,让孩子误以为"拒绝别人"就不是个好孩子,只有照顾对方,甚至是委屈自己照顾对方、顺从他人才能获得他人的认可和喜爱。

正如《分享并不是很容易》中的邦妮那样,总是被妈妈叮嘱要让着表弟。我们在日常生活中也会遇到类似的事情,比如亲戚带着孩子来串门,亲戚的孩子看上了自己孩子心爱的玩具,很多大人就会说服甚至逼迫孩子送出玩具。这样的事情多次发生的话,孩子看起来是谦让了,但很有可能变得顺从、懦弱、不敢拒绝,更不会维护和争取自己的利益。

2. 要让孩子明白拒绝和被拒绝都是很常见的事情

有这样一句话我非常赞同:"我们只有合理地拒绝一些东西,才能得到更珍贵的。"对别人说"不",需要的不仅是勇气,更是不依赖他人的自信和独立。如果孩子不懂得拒绝,习惯压制自己的真实情感,只会渐渐失去自我边界。自我边界就是知道"我"与"他人"的界限,"我的"就是"我的"——除非我愿意,没有人可以拿走它。《太多,太多啦!》中的其他动物对兔子强行分享家的行为都没有拒绝,特别是乌龟,因为家的特殊性,被兔子分享后,自己却从山坡上滚了下来,还挺危险的。

那么,我们该如何帮助孩子学会勇敢地说"不"呢?

每个人都有对自己私人物品的处置权,就像我们的孩子,如果碰到其他小朋友来抢玩具,或被要求把自己的玩具分享给别人玩,孩子就可以坚定地说"不"。同样地,别人也可以选择和我们说"不",这是一件很常见的事情。这并没有对错之分,要坦然接受。

第十章

合作是需要学习的

想一想

你在工作中是喜欢做超级个体独立奋斗，

还是喜欢和一群人一起工作，通过合作拿成果？

孩子在幼儿园有哪些事情是需要和小朋友一起完成的？

第十章　合作是需要学习的

学合作从家庭开始

通过我的经历和观察，我发现，一般独生子女在没开始社会化生活之前，对"合作"二字都是无感的。在一些家庭老人"积极"参与育儿，孩子容易被过度呵护，自己该做的事都被大人做了，缺少机会尝试和别人一起完成一件事情。凡事都需要学习，多次练习，形成意识，才能真正掌握，进而游刃有余。家长只有认识到合作是需要学习的，才会有意识地创造机会让孩子学习合作和体会合作的好处。

家庭里的很多生活场景都是孩子学习合作的好机会。比如，家里几乎天天都要做饭，那么家长可以从备菜环节就邀请孩子参与进来，择菜、剥豆、洗洗涮涮……孩子一旦参与进来，就开始了一场合作演练。在最亲近的人身边习得各项能力，对于孩子来讲压力是最小的，做错了很快就能与家人和解、被包容，这些都能为孩子真正和家人以外的人合作打下基础。

开始共读吧

《妈妈，买绿豆！》是一本讲述母女之间"合作"的经典绘本，描述了妈妈和宝宝一起做事情的温暖故事，是孩子们非常喜欢的内容。阿宝和妈妈上街买绿豆，回家煮绿豆汤，吃完后又开始种绿豆，守候绿豆抽芽……非常简单朴素的故事，有很多的细节可以让孩子慢慢品味。我们要学会判断，更要相信孩子有参与爸爸妈妈正在做的各项事情的能力。要有意识地从孩子很小的时候，就在生活场景中加入亲子合作的环节。参与感是孩子感受到幸福和被信任的源泉。

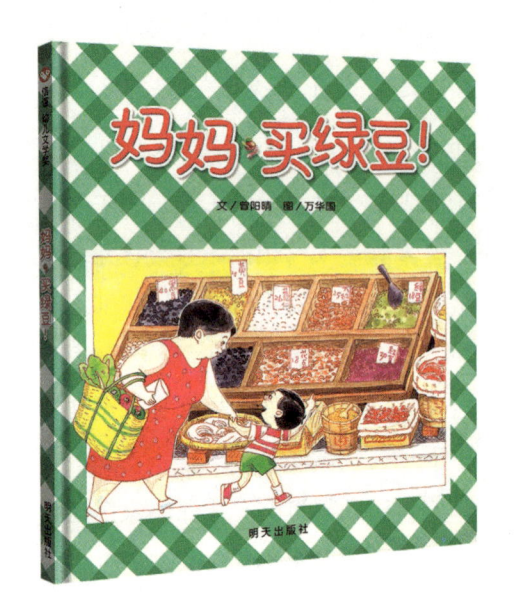

《妈妈，买绿豆！》

曾阳晴著，万华国绘，明天出版社，
2010 年 11 月出版

《妈妈，买绿豆！》内页：阿宝喜欢和妈妈去买菜

第十章　合作是需要学习的

人人交互时代更需要合作

开始共读吧

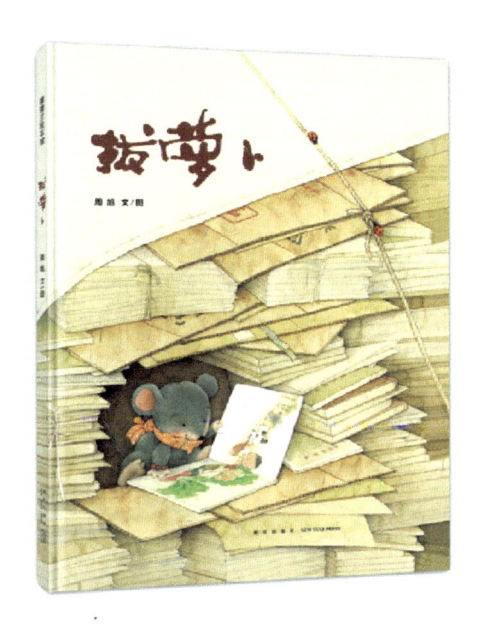

《拔萝卜》

周旭著绘，新星出版社，2023年8月出版

提到有关合作的故事，我们最先想到的就是《拔萝卜》，这也是孩子们小时候都参与过的游戏，传承了好几代人。《拔萝卜》的故事有多个版本，也是统编语文教材中的一篇课文，但我今天推荐的是一本"新编故事"。这个故事有别于我们熟悉的通用版本，除了地面上拔萝卜的"一队人马"外，这里多了一队在地下拔萝卜的老鼠家族。上面、下面都在拔萝卜，互相角力，给拔不动找到了理由：不仅萝卜大，还因为下面的老鼠一只又一只地加入了拔萝卜的队伍。"嗨哟！嗨哟！还是拔不动！"

《拔萝卜》内页：老爷爷"团队"遇上了新麻烦

　　故事的结尾是老爷爷带着"一家人"拔出了萝卜缨子，老鼠们居然成功地拔走了大萝卜，美滋滋地榨汁喝了。看不见对手的拔萝卜比赛，原来还可以这样合作，别出心裁、趣味横生，也给我们提供了新的讨论话题。

　　在《三个朋友》中，木匠、铁匠和点心师傅各有各的技艺，他们相互帮助、相互扶持，关系非常融洽。

《三个朋友》

刘海栖/文，罗玲/图，明天出版社，2021年4月出版

第十章 合作是需要学习的

《三个朋友》内页：在外乡人的指点下，三个朋友重归于好

《三个朋友》内页：三人团结协作

小老鼠的出现，让三个人互相埋怨，伤了友情，后来又通过合作成了好朋友。以合作为主题的民间故事也是我非常推荐的，这些故事诙谐有趣地传达了解决问题的人生智慧，能帮助孩子以广阔的心灵格局拥抱多元世界。就像经典的《石头汤》那样，哪怕一个小小的村子，也能折射出社会的运转需要一个良好的人人交互的环境。读绘本，孩子听到的是故事、看到的是画面，而对于我们成年人，薄薄的一本绘本却能让我们在轻松阅读中重温民间故事中沉淀的人类智慧，学习到故事背后的教育价值，孩子也不知不觉在阅读中明白道理。

前面讲的这几本绘本都是讲朋友之间面对面交往、合作的故事，而《小黑和小白》则"直面"数字化时代的不可逆特点，人们很容易沉迷于虚拟世界，而习惯了网络沟通，很多人面对面交流的能力下降了。这本图画书讲述了小黑和小白通过网络相遇相知，他们经历了复杂曲折的心路历程，从宅在舒适圈，到敢于拥抱辽阔世界，在这个过程中他们看见了彼此，自我认知得到提升、心灵获得成长。

人人交互的过程需要一点一点地习得，对孩子来说，从最信赖的人身边开始向外探索是最安全的。我们不妨走出家门创造更多社区里的社会交往，我们也可以敞开家门，举办各种各样的活动邀请邻居家的小朋友前来，创造环境让孩子不再沉迷于虚拟世界，也创造环境让人和人的互动场景更多元。如果回到家里，父母一人对着一部手机，都沉浸于忙碌的虚拟世界社交，那么我们的孩子也会更快进入虚拟世界，将会错失难能可贵的人人交互练习。

"安心丹"育儿金句

人际交往的能力，大多通过与家庭成员的互动习得，进而在学校环境里慢慢提升。

没有一次次合作，就很难体会合作的妙处。

智能时代，更需要在童年保有人人交互的刻意练习周期，尽可能延缓进入欲罢不能的"失控"式人机互动。

第十一章

为孩子联结
他人和社会

想一想

你在养育孩子的时候，

是教知识技能多一些，

还是培养社会交往能力多一些？

你觉得孩子应该从多大开始社会交往？

第十一章 为孩子联结他人和社会

寻找未来社会的立足点

我们常说，养育孩子是个系统工程。在不可逆的"宝藏童年"时期，按每天睡觉八小时的标准，孩子在家庭之外的时间是"大于"居家时间的（幼儿园一般是早八点到下午五点，小学是早八点到下午三点），到了周末，家长往往还会给孩子报各种兴趣班。大家可以算一算，孩子在父母身边，同时父母又不需要工作可以全身心陪伴孩子的时间有多少。在这界限清晰的有限时间里，家庭教育和社会教育、学校教育三足鼎立，构建起儿童成长的基石。

作为父母，我们可以创造更多的机会助力孩子和他人联结、与社会联结。有些父母会说，孩子那么小，有这个必要吗？学龄期就应该好好学习，多掌握知识，把学业搞好。其实，和他人联结、和社会联结都是学习的一部分。古人所说的"人情练达皆文章"就是这个意思。忽略这方面的教育，孩子在校园的集体生活中容易受到挫折，等到完成学业步入职场，他们会发现，只拥有知识是远远不够的。

对于原本社会化能力比较强的家长来说，培养孩子的"社会化"是轻而易举的。比如，常常在家里家外安排宴请，孩子自然而然就能习得餐桌礼仪；经常组织多个家庭集体出游，孩子也自然获得了在旅途中和他人分工协作的练习机会；时常带孩子到自己工作的场所，有些孩子甚至有机会旁听家长的工作会议，了解不同岗位的工作。我们不要小看孩子与社会的联结，因为社会教育和家庭教育、学校教育一样，都是非常重要的，我把这三者称为给儿童成长保驾护航的"三驾马车"。孩子需要在最信赖的人身边习得在社交中如何表达自我，也需要在这个过程中了解"我能为社会做什么有价值的事情"。

　　阿德勒认为有三个世界，分别是自然世界、人类世界和自我世界。人性心理学把人性分为三个属性，分别是自然属性、社会属性和精神属性。

　　人类世界、社会属性具有相同的含义。这些词听起来很学术、不好懂，但其实也很好理解。就拿常见的一种社会性超强的动物蚂蚁来说，为了让整个蚂蚁家族经久不衰、有条不紊地运转起来，蚂蚁家族的分工相当明确：雌蚁只负责产卵；雄蚁是个苦命的交配机器，交配完毕就一命呜呼；工蚁则是个大管家，身兼数职，它们是最累的，也是寿命最短的；兵蚁，顾名思义，负责保护蚁穴，做整个蚂蚁家族的安全保障工作……

　　在蚂蚁这个群居社会中，每只蚂蚁都有自己的"角色"；同时，它们又跟各种各样的蚂蚁打交道，这就是它们的"社会关系"，角色和社会关系加起来，就是蚂蚁的社会属性。

　　人也一样，每个人都在社会中生活着，都有自己的角色，也有自己的社会关系。在社会这张看不见的关系网中，每个人都有着自己非常独特的社会价值。所以，哲学家说，人类是宇宙的轴，人是这个世界上比奇迹还奇迹的奇迹。

　　那么，如何让孩子识人？如何让他们感知人类的价值？如何做最好的自己？我曾经用心推荐过一套书《世界运转的秘密》。这个书名就很吸引人，而且这套书的内容也很棒，很少有一套书可以详尽地展示"人"的价值，也很少有这样的书，从"人"的角度去认识世界。接下来，我们就说说这套说"人"、讲"人"的绘本。

开始共读吧

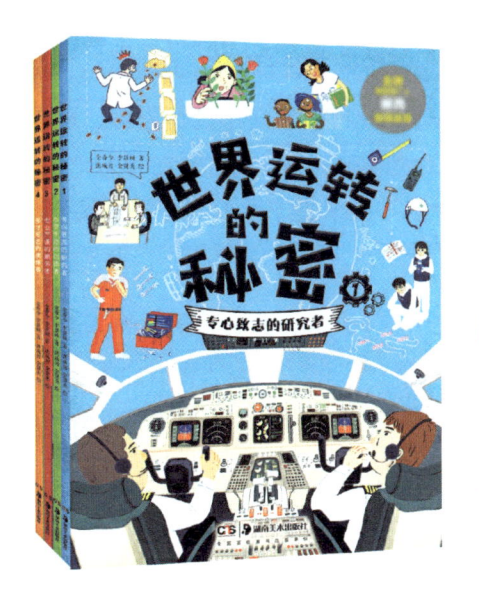

《世界运转的秘密》

金香今、李景硕著,洪成智、金贤英绘,湖南美术出版社,2019年1月出版

这个世界上,形形色色的人都在为这个世界的运转忙碌着。不管做什么,每个人都是独特的,也是独一无二的。书中虽然只介绍了30多种形形色色的人,不过这些人是"契机",也是"引子",透过这些人,可以让孩子看到这个世界上的"千面人生",走进他们不同寻常的平凡生活,了解全世界每个人的生活方式。

认识社会,认识人,才是一个孩子具有社会能力的开始。从小培养他们对社会的认知,孩子从小就可以明晰自己的"方向"和目标。

对于我们的孩子来说,他们都是社会的一分子,他们每分每秒都在关注这个世界,每时每刻都在受社会的影响。

这套书中有一个细节非常有意思。比如介绍法官时,写了两种截然相反的声音:一种说"做法官挺好",一种说"做法官很累"。同样做一件事,为什么会有截然不同的两种看法?这取决于一个人的"价值感"。

价值感，就是自己的一种判断，判断做一件事是否有价值。

一件事情有人会很喜欢，觉得很有价值，也会有人认为没有价值，这都取决于人们的选择。就像废寝忘食的牛顿，置生死于度外的富兰克林，身残志坚的霍金，他们都在告诉世人，什么才是有价值的事情。

那么，做什么会有价值感呢？书中一直引导孩子进行思辨，理性地做抉择，从小就树立"价值观""立长志"。

有位教育家说过，在这个世界上，每个孩子的到来，都是有使命的，每个人都在成为最好的自己。

跟很多书相比，这套书的很多"人"就像每个行业的代言人，各个行业都有冷暖、有困苦，这些故事在告诉孩子每一种生活背后的真相。

这个世界上每一个辛勤劳动的人，都会告诉你一个道理：用心生活，做最好的自己。

只有做好自己，做好自己的平凡工作，整个世界才能正常运转，这也正是整套书的深层用意，换句话说：这个世界上的每个人都很重要，只有每个人都努力工作，才有这个世界的多样和多元。

陪孩子共读，看丰富题材的书，能让孩子看到丰富多样的人类世界，感受到社会属性的重要，让孩子看到更多"人"的价值，让孩子从小就做最好的"自己"，未来才会成为有价值的人。

联结身边的人和事

> 开始共读吧

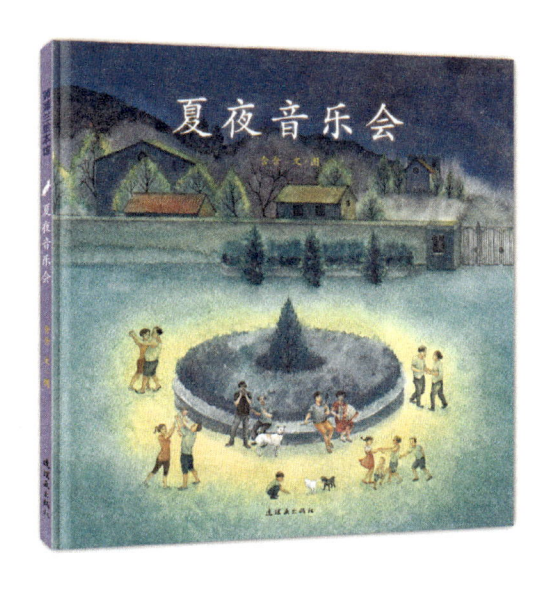

《夏夜音乐会》

含含著绘,连环画出版社,
2015 年 9 月出版

　　与共读套装书相比,《夏夜音乐会》就轻松很多。这是我很喜欢的一本带着久远气息的邻里绘本。故事发生在南方小城,讲述了 20 世纪 90 年代的邻里故事。一次停电促使了原来不经常在一起的家庭纷纷走出家门,在院子里和邻居开始联动。一场夏天夜晚的音乐会开演了,没有练习、没有彩排,一切的协同都是自然而然发生的。人们原本因为停电和闷热都很烦躁,但在悠扬的音乐和快乐心态的感染下,一起度过了一个温暖浪漫的夏夜。此时此刻,人从欣赏者变成了参与者。等来电了,大家又回到自己的小家,但空气中已经弥漫着不同以往的快乐因子。

《夏夜音乐会》内页：邻里关系和睦才能奏响夏夜音乐会

看完这本书，我们可以得到启发：假如社区里的每个人都勇于开启第一步，就能把美好的生活方式带给他人。我身边有不少妈妈，特别喜欢给孩子讲故事，当她们走到社区花园，面向社区的孩子讲故事时，这个社区就成了书香社区，空气里都散发着故事的幸福味道。在这个过程中，孩子眼里的妈妈是闪闪发光的，有一天他们也会学着妈妈的样子，在社区里讲故事给其他小朋友听。

"安心丹"育儿金句

我们总要离开家融入社会，社会化能力越早练习越好。

在家人有意识的陪伴下认识社会，总比一无所知在未来被社会"毒打"好。

亲子阅读最大的妙处就是父母和孩子以书为媒，让世界观、人生观、价值观在不知不觉中美好地达成共识，家长与孩子之间不但有话说，还学会了有话好好说。

第十二章

生命教育从"谢谢"开始

想一想

爱小动物与爱人真的一样吗?

如何跟孩子聊"我从哪里来"的大问题?

你的家里有什么样的爱的小仪式?

第十二章 生命教育从"谢谢"开始

感知父母的辛劳，体会父母的养育之恩

我国的义务制教育"道法课标"中要求儿童"热爱生命，懂得自我保护，远离伤害"，要"初步认识和体验人的生命是可贵的，珍惜生命"，要"树立生命至上的观念，敬畏生命"。同时，要"感知父母的辛劳，孝敬父母"和"体会父母的养育之恩"——这也是生命教育的重要内容。

但是，最近我看到了孩子对父母长辈进行训斥，甚至动手的社会新闻。我们不用过多地分析其原因，就知道一定是父母爱的教育、生命教育的缺失。

与如此基础性的教育受到冷遇相比，有些人似乎更重视外部的礼的教育，我们常见大人要孩子谢谢这个谢谢那个，似乎是在培养孩子懂礼貌的习惯，而我也发现，有的孩子仅仅学会了形式上的礼数，并不是发自内心的、出于自爱自尊的尊重他人，包括自己的家人。我想，可能是因为家庭、家人的"爱心供应"过于充足，孩子们总是能想方设法地满足自己的需要，并且认为那是"理所应当"的，缺乏触及内心的感恩，也就很难真正表达谢意。

由于生命教育的普及，现在的适龄孩子大都知道自己是爸爸妈妈生的，也大致知道爷爷奶奶、姥爷姥姥是生养爸爸妈妈的亲人。可是，孩子们对于老人、对于家族、对于血缘关系，是否有更多感性的了解和理解呢？是否有过一些理性的思考呢？

我跟我的两个孩子说过，他们的生命是一种偶然，是大自然的恩赐，是爸爸妈妈的幸运，是长辈们的能量的积累——他俩听得一愣一愣的。

没关系，《谢谢传递给我生命的人》可以帮助我们说清楚这个问题。

开始共读吧

《谢谢传递给我生命的人》

[日] 草场一寿著，平安座资尚绘，吴爽译，东方出版社，2012年1月出版

本书从孩子不太了解的家族扫墓仪式开始，通过解答孩子的疑问，讲述了一个人除了知道赋予自己生命的是爸爸妈妈外，还知道了"如果没有人赋予你爸爸妈妈生命的话，小朋友，你也不会出生啊"这样一个溯源生命的思路，帮助孩子扩展了需要感谢生命之源的群体，也顺便展示了家族树的样貌。

这本书非常适合与家长分享。

我们来看看几位幼儿园家长听了这本书之后的感想：

大一班家长：昨晚参加完绘本沙龙回来的路上，我问自己生命是什么？什么是生命？我的理解是：生命是婴儿刚出生时的希望！更是来不及陪伴就要道别时的无奈与脆弱！

听完这篇《谢谢传递给我生命的人》故事，我对生命有了更深刻的理解，小时候总会有人问"你爸爸叫什么？""你妈妈是谁？"这些问题，听得多了也知道父母跟我们最亲，他们就是给我生命的人，延伸出去的亲人就是爷爷、奶奶、外公、外婆。"祖先"也只是在清明与祭祖时才会谈起一二，原来我们的姓氏从千百年沿用下来，"我"的生命不只是父母给的，还是千千万万个祖先一代一代传承下来的，这样才有了现在的我。只要有一代缺失，就不会有现在的自己。这是一个漫长的过程！感恩生命的伟大，感谢赋予我们生命的祖先！

大三班家长： 昨晚的绘本活动正式开始前做自我介绍的时候，大家都是说我是谁谁谁的妈妈，我是谁谁谁的爸爸……当看到那张生命传承图时，我觉得自己被震撼到了：每个生命来自前面这么多的祖先！每个人都一样，每个生命都值得珍视啊！我们是谁的妈妈、谁的妻子、谁的女儿……还有更重要的是，我还是我自己，我们似乎都忘了自己是谁了，我们甚至连阅读一本绘本都只想着从孩子的角度去感受，去猜测绘本的意图。

我想，大家也一定被震撼到了！园长后来又让大家做了一次自我介绍，这一次大家用比开场时更响亮的声音做着自我介绍，是真的在介绍自我，而不是依附在孩子之名上！

今天在上班的路上我还在琢磨，我觉得绘本不只是孩子的读物，好的绘本会用简洁的图文告诉你最真的道理，会触碰灵魂深处。"我"是我，我也来自那么多的人；我是唯一，我的生命也只有一次，我会更珍惜！

感恩那些给予我生命的人！谢谢你们！

谢谢园长的分享。

大一班家长： 在开始写这篇随笔之前，我想了想自己究竟有多长时间没有这样静下心来想一想读书后的感想，更是好久没有写下自己的感想。在听老师讲绘本《谢谢传递给我生命的人》时我感慨多多，有感动、有感想、有震撼。

刚看到这本绘本的书名时，我首先想到的是给了我生命的父母，想到自己都成家生子了还在让父母为我操心，我真的觉得很羞愧。生你的人不一定就是养你的人，我就是这样的情况。小时候由于父母都在外地工作，再加上我和姐姐同时来到这个世界，所以我一直跟着爷爷奶奶在老家生活，直到结婚。小的时候对于爸爸妈妈这个称呼也仅仅是称呼而已，没什么概念，年底妈妈回来了让我喊她，我就会喊成平时和自己朝夕相处的"姑姑"。随着年龄的增长，我会羡慕别的孩子有父母的陪伴，过年的时候也会心心念念父母的归期，也想要得到父母的物质礼物。

一直以为自己的成长和父母没多大关系，他们顶多给我经济支撑而已，曾还在心里埋怨父母为什么不把自己带在他们身边。对父母的体谅是从自己生了第一个孩子以后才开始的。当时，我妈特意从外地赶回家照顾我坐月子，一个月子坐下来我们母女之间增进了感情，我了解到自己也是父母的牵挂，了解了当初父母把我放在老家让爷爷奶奶带也是迫不得已。更让我感动的是，生完第一个孩子我的身体不是很好，我爸妈很为我担心，但他们又不能留在我的身边，经过商量，他们先带着孩子到外地，让我好好养身体，再把孩子送回我身边。

爸爸妈妈带着孩子走的时候是清明节后，到了年底才回来。当我看到原本比同龄人略显年轻的母亲苍老了不少，我真的好心疼——这原本是我该承担的责任呀！

再有就是爷爷奶奶的养育之恩，直到二老离世我都没能好好报答他们。子欲养而亲不待的遗憾令人痛彻心扉！

再往上就是太爷爷太奶奶，虽然我们未曾谋面，但是关于长辈们的故事还是有所耳闻的。他们也是传递给我生命的人，我也要感谢他们！再往上还有很多很多人，就像绘本里那张图一样。但我们能追溯到源头吗？即使能，我觉得也不必了，我们知道需要溯源就可以了，重要的是我们要活在当下，好好珍惜眼前的一切！

感谢幼儿园给我们创造审视内心并写出心得的机会，感恩所有的遇见！

（温州乐清虹桥镇第二幼儿园）

树立生命至上的观念，敬畏生命

2023年秋季连续两则新闻引发了诸多争议。一则是一位妈妈带着女儿走在路上蹲下去抚摸一只狗而被咬伤，另一则是无人牵引的烈性犬咬伤幼儿。前者的大人得到很多人的同情，但她以为别人家的狗跟自己家的狗一样温顺的想法受到质疑；后者的孩子得到大家的同情，引发了大家对无绳烈性犬和狗主人的批评。类似事件发生后总会有一些爱狗人士宣扬狗是人类的好朋友、狗是弱者等观点，但我们一定要明确的是，人的生命是人类社会最为重要的。

这一点是需要明确地传递给孩子的。正因为狗有忠诚于主人的特点，所以宠物狗是狗主人的好朋友，工作犬是专业人士的好助手，但不是每一个人的好朋友、好助手，我们要与别人家的狗保持安全距离。

我们要知晓生命的源头，感恩给我们生命的人，也要谢谢奉献给我们食物的其他生命！

开始共读吧

在《谢谢你，小米》一书中，牲畜屠宰员坂本先生为我们讲述了他与一头牛的故事。

小米这个名字听起来很朴素，实际上小米是一头即将被屠宰，然后被端上餐桌的牛。在人类社会，人吃菜、吃果、吃种子、吃肉、啃骨头……都

第十二章 生命教育从"谢谢"开始

《谢谢你,小米》

[日]坂本义喜原作,内田美智子著,鱼户修和伙伴绘,王志庚译,连环画出版社,2015年10月出版

第二天,小女孩的爷爷来到屠宰场,感激地说:
"坂本先生,真是太感谢您了。昨天我带了些牛肉回家,大家一起吃了。"

"小米,我开动了……"

"我孙女哭着不肯吃,我告诉她:'多亏了小米牛,咱们的日子才能过下去呀,你把它的肉吃了吧。然后心存感激地说声谢谢,要不小米多可怜呀。'

我孙女哭着说:'小米,我开动了……'"

《谢谢你,小米》内页:爷爷对小女孩说:"你把它的肉吃了,然后心存感激地说声谢谢……"

是在维系人的生命的延续。

　　这头牛的故事，让孩子们经历了一场生与死的思考。在衣食无忧的今天，我们应该让孩子知道一头牛、一只鸡、一只羊、一只大闸蟹、一只蜜蜂等成为人的食物的故事，让阅读这本书的人与成为食物的生命进行联结，感受生命的可贵，珍惜自然的馈赠。

　　本书帮我们再次认清了人的食物与人的生命的联系，明白了珍爱各种生命的前提是珍爱人的生命。

　　生与死是相互关联的，它们将大自然生命之网牢固地联结在一起。当食物进入人类的身体、融入我们的生命，请好好感谢和珍惜吧！

　　对于给我们生命的人，对于给我们食物的一切生物，他们（它们）为我们的生长和生活付出的一切，除了发自内心地说一声谢谢，我们还可以从以下几本图画书中学到特别的感谢方法。

· 慢师傅家教招式 ·

1. 做一个园丁，或者一个花匠

《园丁》讲述了一个小姑娘带着种子、微笑和爱照亮人们生活的故事。

小姑娘莉迪亚的家庭发生变故，她被送到城里的舅舅家生活。她带着满满一手提箱的种子和信纸来到萧条、败落、灰暗的大城市，和性情乖僻、不苟言笑的舅舅生活在一起。她的到来给舅舅的面包店增添了一抹亮色；她种植的花草给顾客带来了欢笑；她的天真乐观带给这个城市缕缕温暖的阳光。

她还有一个伟大的计划，要营造一个秘密花园，让舅舅绽放一个大大的笑容。

故事发生在美国经济大萧条时期，物质的匮乏让很多人像舅舅一样脸上再也没有了笑容。而坚强、友善的小姑娘，用她自己的生命力，以及与她的生命力同样绚烂的鲜花，为周围的人们带来了花香、带来了笑容、带

《园丁》

[美] 萨拉·斯图尔特著，戴维·斯莫尔绘，馨月译，二十一世纪出版社，2014年2月出版

来了爱。

《地下花园》的主人公摩斯叔叔是十字街头地铁站的一位清洁工。一天，他在工作时听见乘客说车站里有股难闻的味道，摩斯叔叔工作非常认真，他决定找出难闻味道的来源。他在地铁隧道内发现了一个通风口，为了"除味"，他把家里的小树移栽了过来。日子一天天过去，那棵树在他的悉心照料下慢慢长出了枝叶，不仅驱散了地下的怪味儿，还长到了地面，为地上带来了清新的芬芳，为城市注入了新的活力……

摩斯叔叔一个小小的举动，让急匆匆赶路的人们有了一处得以喘息和转换心情的绿色空间。

与《园丁》里的小姑娘一样，摩斯叔叔对生命的珍惜、对生活的热爱，让一棵小树具备了强大的生命力，长成了人类世界里一棵重要的树，长成了一棵大树。

摩斯叔叔和树一样，尽管在"地下"生存、生长，但是也努力伸向天空、靠近太阳。

居住在城市，饲养、种植一些生物会有这样那样的难度，但也有很多人家或者饲养狗、猫、鱼、龟、仓鼠等宠物，或者种植花花草草，无论哪一样，都会让孩子多一些对生命的认知，多一些对人类与其他生物关系的思考。

《地下花园》

[韩] 赵善暻著绘，薛舟译，广西师范大学出版社，2015年1月出版

第十二章 生命教育从"谢谢"开始

《地下花园》内页：扎根在地下的树带来旺盛的生机

《地下花园》内页：顽强的生命力，积极向上

2. 给爸爸妈妈一个爱的游戏

在《今天是什么日子？》这本绘本里，忙碌的爸爸妈妈似乎忘了今天是什么日子，于是小女孩真真在一大早就给妈妈出了一道谜题："今天是什么日子？"还贴心地给出了一个小提示，指引妈妈如何寻找答案。

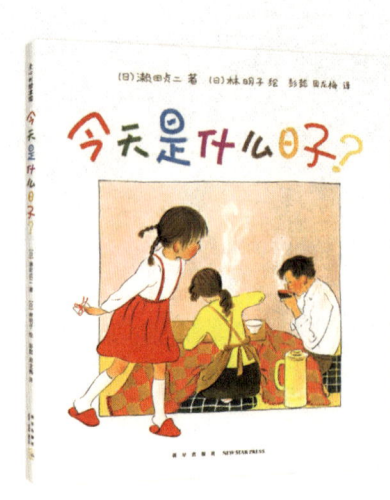

《今天是什么日子？》

[日] 濑田贞二著，林明子绘，彭懿、周龙梅译，新星出版社，2019年4月第2版出版

根据真真给的提示，妈妈在楼梯的第三个台阶上找到了一封扎着红绳的信，结果信上又指引妈妈找到了另一封信。就这样，从屋里到屋外，妈妈一直与信"捉迷藏"，这些信里藏着什么秘密呢？

故事里，女孩跟妈妈、爸爸玩寻宝和信息拼图的游戏，故事最终指向了对父母的爱；而爸爸妈妈也为女儿准备了爱的礼物——结尾是双重悬疑大揭秘。

故事外，图文结合让共读的我们也进入了游戏中，纵使有超强的阅读猜测能力，不找到所有的提示纸条，就破译不了，这样的内容设计让共读有了更多的乐趣。

共读后，父母中的一位可以引导孩子为另一位制造类似的悬念，比如，在爸爸生日的时候，也来玩这样一次寻宝和信息拼图游戏，相信亲子之间不仅幸福感倍增，孩子也会被游戏背后的生命教育内涵所打动。

第十二章　生命教育从"谢谢"开始

《今天是什么日子？》内页：女儿给妈妈留下了"任务条"

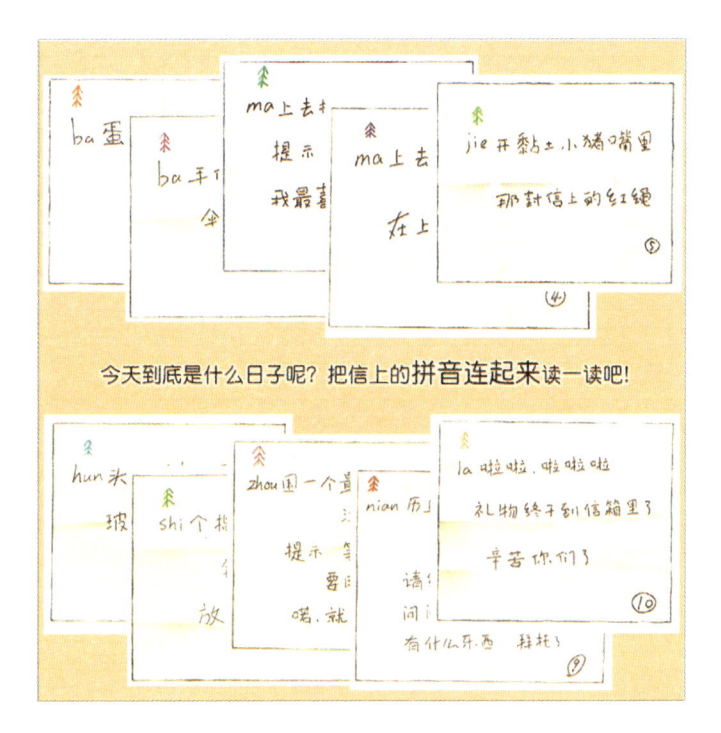

《今天是什么日子？》内页：全部的"任务条"还是个"藏头文"

第十三章

什么值得炫耀

想一想

每个家庭成员感到最骄傲的事是什么?

在未来一年,

你和孩子希望取得什么值得炫耀的成果?

第十三章　什么值得炫耀

什么不值得炫耀呢？

什么样的事情值得炫耀呢？这涉及家庭主张什么样的价值观。我常说，亲子阅读是父母和孩子以书为媒分享世界观、人生观和价值观的亲子互动。不同的人打开同一本书，虽然书上的图画和文字一样，但讲述的人不同、语气不同，所以延展讨论的内容也不同，背后折射的是讲述人的价值观。亲子阅读，让我们有机会把我们对世界、对人生的看法，经由孩子爱听的故事，润物无声地传递给孩子，在孩子幼小的心灵悄悄种下念想。日复一日，一本又一本，孩子在童年阅读上千本书，听父母上千次的表达，这是看不见的教育，胜过说教百倍。

我们不妨先浅浅地了解下什么不值得炫耀吧。

开始共读吧

我们不去炫耀拥有更多的物质。

"看看我有什么！"或者"看看我新买的！"是孩子之间常说起的话。一些家境富裕的孩子常常得意扬扬地自我炫耀其拥有的物品，渐渐被物化而不自知。而另一些孩子可能没有物品值得炫耀，总是羡慕别人，渐渐地被物化而变得自卑。当孩子遇到这个问题时，父母该怎么办呢？《看看我有什么》这本书试图为父母解决这样的困扰。书中的两人谁是自在而快乐的？相信家长和孩子看完书会有相同的答案。

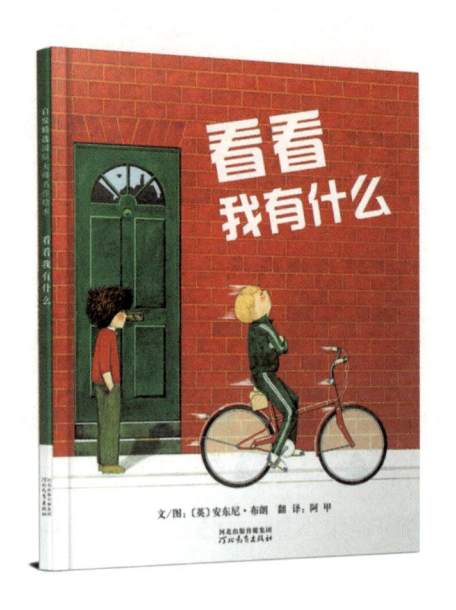

《看看我有什么》

[英] 安东尼·布朗著绘，
阿甲译，河北教育出版社，
2011 年 12 月出版

我们看看书中的一个情节：山姆走在街上，杰米骑着他的新自行车，"看，我有什么，我敢打赌，你也想有一辆"。杰米说完，昂首挺胸，双手脱把，骑车走了。可是，"帅不过三秒"，车被撞散了架。善良的山姆还依旧关心着杰米："你没事吧？"

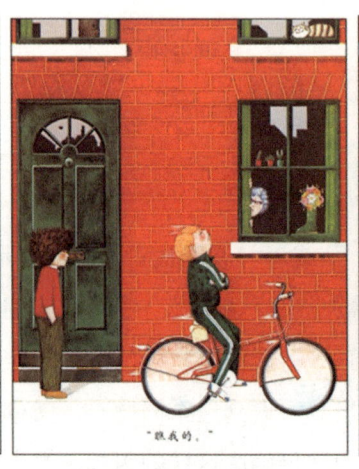

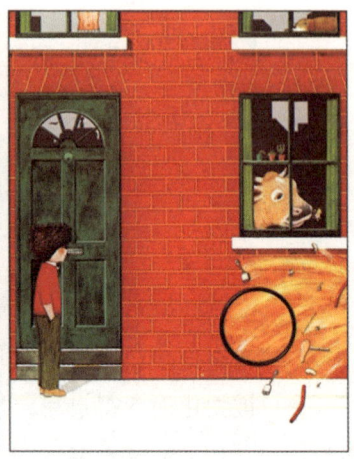

《看看我有什么》内页：杰米炫耀有自行车，然后得意地骑走，然后……

第十三章 什么值得炫耀

杰米继续炫耀着各种物质：足球、糖果包、海盗服……但是真正自尊自爱的人并不为所动。

我们不去炫耀名利。

开始共读吧

《摩天大战》描绘了两位大富豪为了攀比财富和权力，成天观察对方家又增添了什么新东西，开始无限制地装饰和堆砌自己的豪宅：

你做黄金大门，我做镶钻石柱；

你买老虎标本，我买象牙栏杆；

你有大游艇，我有喷气机；

你请外交部长，我请国会总理；

……

追逐名利，怎么会有获胜者呢？！

《摩天大战》

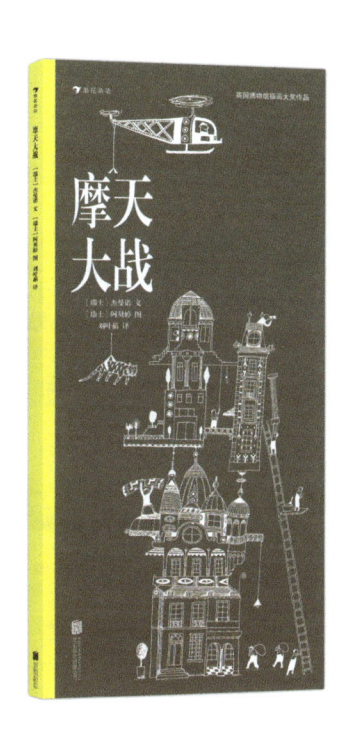

[瑞士] 杰曼诺著，[瑞士] 阿贝婷绘，刘叶茹译，北京联合出版公司，2014年7月出版

什么值得炫耀呢？

我们要炫耀什么呢？

我们可以炫耀各自有爱的家庭。

开始共读吧

《团圆》的书名是我们中国人最值得追求的起点和终点。我们都希望相亲相爱的一家人永远在一起，也有很多的家庭由于各种原因没有办法一直在一起，但珍惜在一起团圆的日子是我们都可以做到的。

《团圆》非常写实地记录了一家三口的团圆年，小女孩一开始看到爸

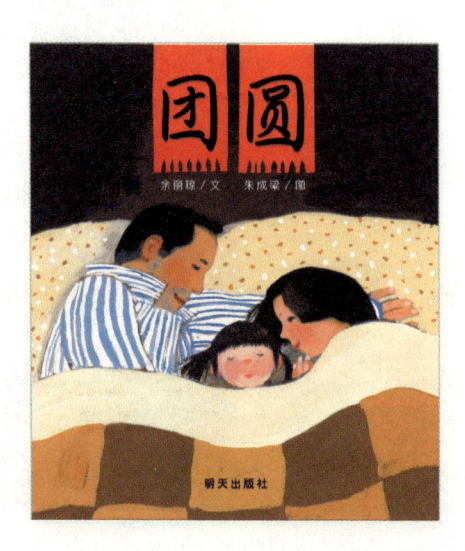

《团圆》

余丽琼著，朱成梁绘，明天出版社，2008年4月出版

第十三章 什么值得炫耀

爸有点陌生，经过相处后和爸爸一点点熟悉和亲密起来，到在淡淡哀愁中送走爸爸，在不舍中期待下一次的相聚，这种含蓄的情感表达非常打动人。故事中的好运硬币，更是在你来我往中寄托着彼此的牵挂，以及家里每个人不需要言语的彼此祝福。

家，对于每个人都非常重要。我们总在强调原生家庭对人的影响。亲子阅读，打开一本又一本书，看到书中不同家庭的相处故事，有冲突，也有和解，我们会从中汲取智慧。当我们向别人谈起自己的家庭时，我希望你带着满满的爱和自豪。爸爸妈妈很爱我，我也很爱他们。

我们可以炫耀各自牵挂的家乡。

开始共读吧

《世界上最美丽的村子——我的家乡》，这个书名我很喜欢，文本内容从小处着眼，开篇第一页就是美得让人感觉语言都匮乏的画面，每次读出"李子花、樱花、梨花、开心果花……春天来了，巴格曼村开满了花"的

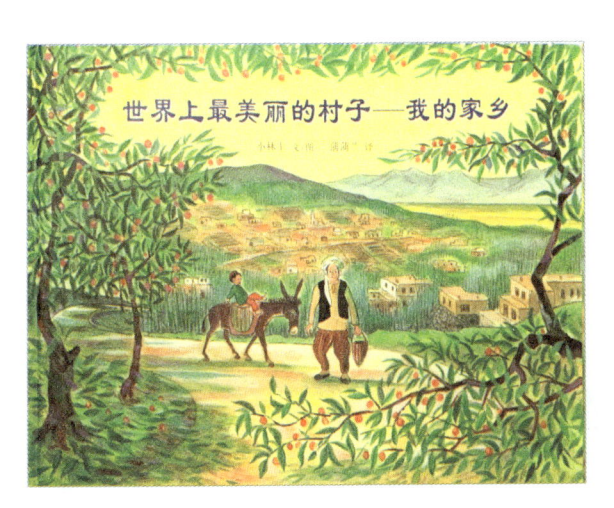

《世界上最美丽的村子——我的家乡》

小林丰著绘，蒲蒲兰译，21世纪出版社，2008年10月出版

时候，心中总是美美的。

家乡，不管回得去，还是回不去，在每个人的心中都是最美的。我们可以多带孩子看看我们的家乡，给他们讲述自己小时候的故事。家乡这片生养我们的土地，在我们的心中永远分量最足，值得一说再说、值得炫耀。

我们可以炫耀我们共同的国家。

开始共读吧

《美丽中国·从家乡出发》系列囊括了中国所有的省级区域，从多个维度抵达每个人的心灵深处，帮助人们找到满满的自豪感和归属感。

认识世界之前先认识中国，在学习中国地理之前先看这套书，我们会和孩子同样感叹于中国的博大精深。在孩子小学六年里，不妨像一慢老师那样有计划地把各条路线列入家庭旅行计划，实现陪孩子走过祖国千山万水的家庭研学。一慢老师把他们家的行动路线、经验和建议写成了《陪你

《美丽中国·从家乡出发》

高洪波等著，刘为民等绘，中国少年儿童出版社，2022年1月出版

走过千山万水》和《走向远方的家庭教育》两本家庭研学书籍,值得有类似想法的家庭阅读借鉴。

我们可以炫耀我们所处的星球。

开始共读吧

我们可以一起朗读《地球之舞》,对,大声朗读出来。"想象自己高高地站在宽广的太空里。张开双臂,慢慢摆动。想象自己比树还高、比山还高,头伸进了太空。变得好高、好大,没有人能看见全部的你。想象自己在太空里舞蹈,身影比月亮还大……"张力十足的画面,酣畅淋漓的文字,在心中激扬。封面上密密麻麻的人来自全世界,在地球上我们是如此渺小,但在一起,便创造了属于地球的美妙的舞蹈。

炫耀我们的家、我们的家乡、我们的国家、我们居住的地球,一下子我们便拥有了无比丰富的世界!在书中,和我们想到的、没有想到的一切相遇吧,创造一切条件,和孩子一起规划路线去看世界!

《地球之舞》

[美]琼安·赖德著,[美]诺曼·高柏堤绘,李紫蓉译,明天出版社,2021年5月出版

我深信陪孩子"读万卷书，行万里路"给予孩子的积极影响，将为孩子的童年打下最厚重的地基、涂上最缤纷的底色，这些暂时和成绩无关，却与未来的爆发力和幸福力有关。如果你相信厚积薄发的力量，相信家庭教育和学校教育互补，那么，父母和老师需要站在不同的位置、从不同的角度守望孩子的成长，在恰到好处的时间为孩子打开一扇扇通往世界的大门，静待孩子离开我们的怀抱，奔向更远的未来。

父母能走多远，孩子就能走多远；父母的高度，影响孩子可能到达的高度。从现在开始，用爱和智慧助力孩子打开成长的双翅，也不断打破我们人到中年的认知边界，陪孩子走过千山万水，真的是最浪漫也最实用的教养方式。世界很大，人生苦短。陪伴孩子成长的路上，愿我们温暖相伴，善待童年这一段最美妙、影响最深远的时光。

"安心丹"育儿金句

爱，值得炫耀。爱自己、爱家乡，爱国家、爱世界。爱世间万物，我们可以变得更美好。

为孩子注入爱的力量！

第十四章

孩子也要"断舍离"

想一想

你认为什么是"断舍离"?

在哪一方面,你的家需要"断舍离"?

第十四章 孩子也要"断舍离"

儿童也贪心？高高的天会降下来吗？

这些年，有个流行词叫"断舍离"，甚至围绕这个热词还出版了很多书籍、推出了很多课程，帮助更多想"断舍离"的人一步步践行着"断舍离"。

大部分人对于断舍离的理解是物的断舍离，在物质世界从匮乏到极致丰富的发展过程中，很多人习惯了"买买买"，却舍不得"丢丢丢"，所以很多家庭的房子越住越小，家里挤满了可能会用又多年未用的物件。从人性角度来说，为了更有安全感，占用更多是本能的想法——自古就有的贪念。

儿童是发展中的人，贪心、贪吃、贪玩是常态。

《从前从前天很矮》，看到这样的书名就觉得它是一本很有童趣的图画书，我反复和孩子们共读了这本书，我还和孩子问了几乎同样的问题：天还会降下来吗？

开始共读吧

以前，天很矮，天上的人和地上的人可以直接沟通。地上的人只要伸伸手就可以从天上拿这个、取那个。"多好啊！"孩子们赞叹道。天上的人也平静地看着地上的人间喜剧。

可是，一个孩子和他的宠物猪改变了一切。因为他俩取用了过多的东

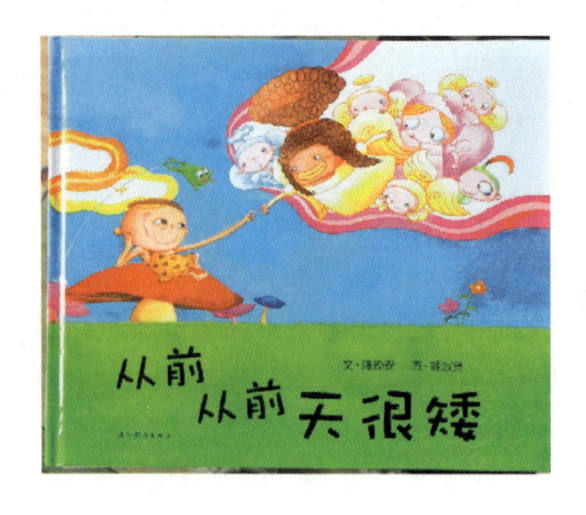

《从前从前天很矮》

陈筠安著，姬淑贤绘，五洲传播出版社，2012年10月出版

西，而且涉嫌浪费，这是非常可怕的——因为"天上人间"有个共同的规定是"浪费东西，天就升高"。于是，天慢慢升高。可是不守规矩又聪明的小男孩依旧可以从天上获得很多食材，做着色香味俱佳的食物，天只好越来越高。

天上的人们都有着神奇的本领，可是天上的规则却不准他们出手改变地上的现状。天上有个孩子和他的宠物想帮助地上的孩子。这下更坏了，天上地下都有违反规定的行为，天只好升到现在这么高了。

一切都那么顺理成章，无论是地上娃的"贪心"，还是天上孩子的"越权"，他们都没有遵守规定，只好接受这样的"处罚"——天地不再是和谐共处，而是遥不可及。

成长有成本

这样的故事是受孩子们喜欢的，也是符合儿童成长心理的。可是，天就这样升高，估计孩子们会有不甘，他们不禁会问：天还能降下来吗？

这个问题，其实省略了孩子们的一个期许：如果我们不这样了，天还能降下来吗？

这个问题成人应该没有答案，可是对于孩子来讲，他肯定希望天还能降下来，能够跟天上的人交朋友——如果，他相信天是这样升上去的话。

排除了以前天不高的状况后，顺手给孩子们提出了禁止性要求；虽然阅读中的孩子会自动地接受，但这样的条款对于孩子而言是很难起到约束作用的，因为孩子终归是孩子，有别于成人，会对规矩做些破坏。

而且，不论天上地上，都是孩子和动物一起违规——是不是也在暗示着，孩子和动物们其实是一样的，都有动物本性、动物欲望，对"多"有着更多的追求；而且，在受到社会或者成人的约束时，孩子很难控制住自己，未必能够完全……只不过，需要他们承担这样的责任吗？

我们可以期冀成人的包容，慢慢陪伴孩子形成自律的品格。有时候，一些"禁令"是不是也可以加快孩子的成长呢？

教化也教育

尽管我们都认为童趣要优先，但童话的教育性也必不可少。所以，天上和地下的孩童和宠物，他们都没有遵守让天地和谐的规矩——而这个规矩是成人预设好的——地上的人不要"贪恋物质"，天上的人不要"越俎代庖"。

细细想来，让孩子们守着这样不对等的规矩，本身就是个不可能的任务——现实中的儿童，总是希望自己能得到的多一些，再多一些；他们愿意帮助朋友。这些观念不是我们做父母的应该言传身教给孩子的吗？

可是，童话被赋予了"驯化"儿童的功能，这一篇也不例外。我曾经在编辑和创作儿童读物的时候，经常会为故事中出现的"反面角色"而纠结——有些孩子需要"榜样示错"，但更需要正面引导。

但自古以来的童话总是要让孩子来承担"教训"。

从前天很高，因为地下的孩子太贪吃，加上天上的孩子乱帮忙，从此天变高。从这个角度来看，在亲子共读本书以后，孩子会容易得到"不要贪心、不要浪费"的警醒。

那么，孩子会以怎样的视角看待这样导致天变高的行为呢？

是不是在纠正、规范孩子们的过错时，可以尝试采取宽容与理解的态度？当然也应该有相应的"惩罚"。

或许，图画书中的深刻教训，正是要调动大人们开始思考。我们如何跟孩子谈这样一个轻松的话题？如何跟孩子说一说贪心和节约？

第十四章 孩子也要"断舍离"

哪个孩子不贪吃？

有时候，我们会纠结于书中的道理和教育内涵孩子们能看懂吗？我现在常说，我们要相信童话的力量，相信孩子总会在自己已知信息、已知能力的基础上，看到他能看懂的内容。

这些道理和教育内涵最好隐藏在文本和画面的童心童趣中，让孩子一边享受故事带来的愉悦，一边咂摸愉悦里的教育。

比如这本《被卡住的鸭子》，"吃"成了问题，由吃引发了一场救助，也"吃"出了人生哲理。

开始共读吧

《被卡住的鸭子》

[澳]凯尔·缪本著，[新西兰]阿里·泰奥，[新西兰]约翰·奥赖利绘，郝方园译，任溶溶审译，外语教学与研究出版社，2014年8月出版

故事中，当鸭子成了一个"吃货"，或者当吃成了贪欲，而不仅仅是饱肚充饥，吃才成为问题——小鸭子的嘴里塞满了美味，卡住了！

于是，小鸡引领着小鹅、小牛、小马一一贡献智慧和力气，却无法救出鸭子，因为他们不清楚小鸭子的脑袋被卡住的原因。只有小老鼠挖了地洞钻进去，看到了问题所在，但他并没有劝说鸭子放弃已经到嘴里的食物——而在前面的救助中，鸭子很清楚问题所在，但他毫不松口——这个关键被小老鼠顾念到。于是，一把灰尘，一串咳嗽，鸭子嘴里的美味没了，也得救了。

本书故事简单，画面也不复杂，除了着力表现动物们的夸张和动感外，没有隐藏寻找之乐、没有色彩斑驳之炫目。不过，简单的语言也有力量，寥寥数语就给几个逐一登场的动物赋予了不同的"性格"；简单的画面充满趣味，小老鼠钻过去嘲笑"胖嘟嘟"的鸭子那个大跨页让人忍俊不禁，孩子读到这里会琢磨小老鼠到底会有什么好办法呢？

在人的一生中，我们难免会陷入各种各样的"缝隙"中，有时候会让人疼痛，被"嚼掉羽毛"，被拉扯……而想要从这些"缝隙"脱困的秘诀就是：将"所得"轻轻放下——我们不用去改变缝隙，甚至都不用改变自身，只需要轻轻放下你多取的物。

空空如也，正是收获的前提。

《被卡住的鸭子》内页：狭小的缝隙，吃撑了腮帮子

在鸭子的一生中，不知道有多少次这样的体验，还是有过一次经历就学聪明了。对于孩子来说，阅读是他们学习间接经验的最好途径。比阅读更重要的是让孩子们行动起来，哪怕是片面的、错误的，都是他们成长的基石。从小鸡到小老鼠，可以看成一个孩子的无数次尝试，只是，在孩子这样百般尝试时，我们成人有多少耐心呢？

别忘了，儿童正是在这样一个漫长的过程中一点点长大的。

要是仅仅看结果，小老鼠聪明的方法、小鸭子"智慧"的放弃，是我们特别希望孩子能看到并理解的，这是我们成人活到现在的经验之谈，而孩子们才刚刚走入岁月的小径。

儿童也要断舍离?

在我们过去的阅读中,《渔夫和金鱼》《渔童》等经典故事都涉及贪心的话题,不同的是,这些教化故事皆以贪婪的成人视角展示给孩子,那么有没有跟《从前从前天很矮》一样的以儿童为"坏榜样"的故事呢?《贪心的小狼》算是一本,说的是一头饥肠辘辘的小狼来到绵羊公园,想抓几只绵羊来填饱肚皮。在此之前,他想先看看公园有几只绵羊,便站到树上,用一只望远镜看了起来,一只、两只、三只……一百只!等它数完,小羊一个都不见了。

《贪心的小狼》扉页:小狼看到了很多羊

《玩具太多了》内页：玩具占领了家

　　《玩具太多了》比《贪心的小狼》更具"教育性"。赛赛的玩具太多啦，大个儿的、小个儿的；叮叮当当的、安安静静的；电子书、电子游戏；足够开个动物园的毛绒玩具，能组成海陆空战队的飞机、火车和轮船……天哪，简直多得数也数不清！

　　这是不少孩子都有的问题，玩具怎么都不嫌多。怎么办呢？故事中的妈妈终于受不了了，要让赛赛丢掉一些玩具。可是，每个玩具都是他的最爱……

　　再配合着读一读《多了》，效果会更好。

　　喜鹊不断地囤积着各种各样的物品，直到它连同巢穴和树枝一起坠落，才终于明白了"少即是多"的道理。那些喜欢不停地买玩具的孩子，还有那些过度追求物质主义的成人，也许都可以从这本书中看到自己的影子。有评论称，这是一个"关于贪心与物质主义的警示故事"。

《多 了》

[美] I.C. 斯普林曼著，
[美] 布赖恩·莱斯绘，
杨玲玲、彭懿译，江苏凤凰少年儿童出版社，
2014年4月出版

可见，我们的生存空间是否宽敞，要看我们要的有多少。儿童要想真正地理解这一道理还需要更多的生活体验，但我们大人可以为孩子做出示范。

只有当成人开始意识到拥有更多反而成为负担的时候，才会断舍离。

儿童断舍离，大人要留白！

养育孩子过程中，要断舍离吗？

要的。因为在爱的起点，孩子特别容易被各种外界的事物满满地包围，留白成了困难。

首先，我认为物理空间需要留白。

物质极大丰盛带来的后果是选择困难。我们小时候，玩具还没有成为产业，游乐场也凤毛麟角。现在，每个城市的商场里都有专门的儿童楼层，琳琅满目的游乐设施和玩具店更是恨不得掏空孩子的时间和家长的钱包。当大家都习以为常的时候，你也不知不觉让各种所谓的必需品遍及孩子的视线之内，夺走了他在太阳底下无目的的奔跑，或者躺着发呆的时光。

有一个故事是很多孩子听过的——《渔夫和他的妻子》，渔夫的妻子永远不满足，有了小木屋，又要大别墅，还想当国王，最后居然还想变得像上帝一样。当然，最后她又回到了原点，只有一艘破败的渔船。"既要……还要……更要……"在我们生活中经常会遇到。想拥有什么，有了愿望和想法，就去努力，这当然很好。但一定要克制自己的欲望，希望我们能从古老的故事中得到启发，在孩子试探你的底线时，不妨提提渔夫的妻子，告诉孩子可不能像她一样。希望每个孩子在成长的路上，能够拥有舍弃的勇气，也有努力争取的决心。把握好欲望的度，那是多么美好的事。

我们大人是否能做到不像渔夫的妻子那样呢？

其次，我觉得精神世界也需要留白。

我国童书出版业发展飞速，用短短二十年的时间就搜罗引进了全世界百年来的出版物，而真正懂儿童、懂出版的人才还在逐渐成长中，上千家童书出版机构纷纷逐利而来，每年几万个品种上市，对于家长来讲，选书成了痛苦的事。虽然说通过童书这个窗口，我们有机会丰富孩子的精神世界，让他和全球的人类文明联结，但是，当下已经到了不再是随意开卷就有益的时候了，需要严选之后才能开卷。严选孩子的精神食粮，扣好孩子的第一颗扣子，是家长引领孩子走上阅读道路的重要一课。

选书如此，教育亦如此。随着女儿上小学、上中学，随着身边师友们的孩子的成长，随着悠贝亲子图书馆服务的大小读者数量增多，我接触了很多家庭，常常看到孩子和父母奔波于各种各样的补习班。兴趣课、提分课……名目之多让人瞠目结舌。我常想，孩子真需要这么多吗？可是，一个产品和服务用力过猛的时代，到处都在吸引你继续买入，没有买入就意味着失去，各种势力都在制造焦虑，如果父母缺乏自制力，孩子的脑袋、眼睛、时间就会被填满。想一想，孩子们还有时间发呆吗？还能够自由自在地让思维驰骋在漫无边际的想象海洋吗？在人工智能发展如此快的时代，拥有更多的知识不代表拥有更远的未来。想象力、创造力更应该被重视，而想要拥有能滋生想象和创造的土壤，需要足够的空间。

作为父母，请警觉、请克制，让孩子的精神世界更纯净，安静下来，留给自己足够的空间。

孩子需要断舍离，需要父母用心生发智慧，用爱构建起安全、简约的环境，让孩子张弛有度地度过美好的童年。拥挤不堪的空间和马不停蹄的生活节奏不适合孩子。我更想说，父母懂得断舍离，孩子才更容易断舍离。

"安心丹"育儿金句

大道至简，要克制自己想拥有太多的东西，在简约的生活中育儿会更轻松。

生活要留白，教育更需要留白。

第十四章 孩子也要"断舍离"

· 慢师傅家教招式 ·

游戏，习得习惯

草地上，一扇门，一个门缝，六只动物，一次救援——看完《被卡住的鸭子》这本书，仿佛看完一场情节变化丰富、人物表情生动的独幕戏。

语言是人类最重要的交际工具，而思维则是使幼儿语言能力发展的重要因素。要培养幼儿的口语表达能力、思维能力，角色游戏可以说是最轻松自然和有趣的途径。角色游戏在孩子两三岁萌发自我与他人的概念时产生，进入幼儿园后因社会性的强化而达到高峰，其后逐渐为规则游戏所取代。通过游戏，幼儿能够在现实和想象中畅行无阻，更乐于接受、重复、演绎他们喜欢的故事。

《被卡住的鸭子》正好为我们提供了这样一个优良文本，角色、韵文、有趣的情节，非常适合进行角色扮演游戏，不仅适合在幼儿园或者是线下的绘本群开展共读活动，也适合家庭里的亲子共读。在群体中，由六个孩子扮演书中的六个角色，外加一个旁白角色。在家中呢？可以每人承担几个角色，轮流来表演。如果我们再顺手做几个动物的头饰，贴在毫无用处的、长长的绘本腰封上，再比照孩子脑袋的周长粘住——别忘了把没有广告、没有专家推荐的那一面放在前面。

成长的缝隙有多宽？

鸭子觉得是门缝变小了，而不是他的嘴巴撑大了。

脱离困境的妙计在它手上，哦，在它嘴里。

小鸡在看了很久后，认同了鸭子的观点："你是被卡住啦。"

小鹅更是在这个认知基础上，提出了解决方案："把门弄宽！"

小牛则是这样的观点：脖子粗，门缝小。把脖子弄细！

以上方法都没有见效，请来的最为魁梧高大的小马更是霸气外露——靠

《被卡住的鸭子》内页：和孩子玩这个人拉人的游戏一定非常有趣

力气硬拖！

直到小老鼠出现。

马儿力气大刨小洞，老鼠灵活钻进屋。

《从前从前天很矮》是由舞台剧改编成图画书的，我们也可以再把图画书"模拟还原"为家庭剧，在自娱自乐的游戏中，将书中的道理传递给孩子，让孩子更多地了解和理解，进而吸收其中的教化。

第十五章

别把孩子当出气筒

> **想一想**

为什么说情绪化的父母让家人很受伤?

如何教孩子辨别、管理、控制情绪?

怎样转移负面情绪?

第十五章 别把孩子当出气筒

情绪化的父母会让家人受伤

在快速发展的时代背景下，爸爸妈妈们背负着巨大的压力，家庭是避风港，也是避难所，但是我们不提倡把家庭当成负面情绪的垃圾场，更不能拿孩子当作出气筒。父母把孩子当作出气筒，孩子就学会了让他人来做自己的出气筒。

学前教育机构中，常常有孩子表现出打人、怕生、见到陌生人就躲避退缩、不愿意参加游戏、上课捣乱、抢同伴玩具、发脾气、咬人、遇到不顺心的事情就跺脚或在地上打滚等行为。面对这样的孩子，仅仅以口头说教的方式要求他们改变是无济于事的。如果引导不当，有些孩子即使长大了也不会控制自己的情绪，很有可能成为一个不幸福的人，甚至是悲剧人。

要避免"悲剧"的出现，最主要的方法就是父母以身作则，给孩子树立情绪管理的榜样，千万不要像前文中野生动物园伤人案中的年轻妈妈（见第84页），因为忍受不了丈夫开车的颠簸，没有控制自己的情绪，非得在距离老虎十多米的地方下车，最终让自己受伤，也造成了自己的妈妈死亡。

这是我们要注意的：情绪化的父母会让家人受伤。

家庭中存在一条影响力链条，弱小的孩子处于链条末端，成人会不由自主地把在其他场合所受到的委屈和愤怒，特别是其他人引发的负面情绪迁移到孩子身上。在心理学上这种情形也被称为"踢猫效应"，即我们无意中会把自己的坏脾气撒向最弱小的一方。

可是，孩子又与猫大有不同，孩子依赖父母，与父母之间有着宝贵的安全联结，在父母的坏脾气、坏情绪"压顶"的情况下，安全感、亲情会受到极大的损伤。

有些损伤是隐性的，会成为孩子挥之不去的噩梦。有一个演员曾经说过："我小时候觉得母亲的脚步声是魔鬼的声音，宁愿跑到墓地上静静地看着一排排墓碑上的墓志铭，都不愿意回家面对妈妈。"

这位演员有着可爱娃娃脸，甜美、乐观，看起来特别容易相处，在一档综艺节目里却让我们看到了她深受情绪化父母负面影响的另一面。她小时候，母亲对她实施严格的管教，经常动手打她，甚至用棍棒来"教育"。一方面可能是理念，另一方面据说当时她的母亲承受着巨大压力，似乎把她当作了发泄自己所背负的一切压力和不满的出气筒。

这不仅"养成"了她孤僻、喜欢独处的个性，而且在她的心中，家庭的爱的港湾作用荡然无存。她说："我跟家里的关系其实没有那么亲密，我以前不觉得家庭很温暖，如果在外面受伤了，或者我在外面工作，遇到什么委屈我不会想要回家的。"

情绪化的父母对有些孩子的影响甚至可能是终生的。比如，孩子复刻了父母的情绪化，也成为情绪化的人，不是伤害自己就是伤害他人——这也是本章开头提到的问题出现的原因，有的孩子不会把他人当出气筒，但是会情绪化地伤害自己。一些儿童自残事件的导火索（比如，开车时批评并严厉质问孩子的成绩、在教室门口因琐事殴打孩子等），正是父母的情绪化表达，诱发了孩子的情绪失控，最后造成无可挽回的悲剧。

开始共读吧

我们先来看故事中的小男孩在学校的遭遇。今天课间休息时，小马和小唐不让我跟他们一起踢足球。"你们为什么不让我一起踢啊？"我问他们。"你不懂规则，脾气又不好，我们不想跟你一起踢！"小男孩"听了心里很难过"，但他的言行确实是在发泄情绪，把同学当成了出气筒："好

第十五章 别把孩子当出气筒

《请不要生气》

[日]楠茂宣著，[日]石井圣岳绘，金海英译，北京科学技术出版社，2014年8月出版

啊！我还不想跟你们一起踢呢！"我一边说，一边踢了小马一脚、打了小唐一拳。

面对老师的批评，"我"采用了应对妈妈的批评同样的方法，"干脆一言不发，把头扭到一边，默默地接受批评"，然后，把一切都扛下来：哎，我为什么总是惹人生气呢？

"应对妈妈的方法"是如何"修炼"的呢？是因为男孩在家里常常被"工作到很晚"的妈妈当成出气筒。回家很晚的妈妈一旦看到妹妹哭了，就会训斥男孩："你看看你，又把妹妹弄哭了！""你怎么还没做作业啊？"

《请不要生气》内页：男孩在学校有情绪时通过打骂和自我排斥来舒缓心情

《请不要生气》
内页：男孩的情绪处理方式来自家庭的"培养"

男孩似乎这么回答过："谁让她那么任性，不听我的话呢！""我一直在陪妹妹玩，哪有时间做作业啊！"

估计男孩一回嘴，就会遭到妈妈的痛批，所以他得想出一个方法：我要是真这么说的话，妈妈肯定更生气。所以，我干脆什么都不说，一声不吭地挨训。

现实中这样的孩子应该有很多，但这些总是惹人生气的孩子，他们其实有很多话想说。家长往往会忽略孩子们的感受——特别是"工作到很晚"才回家，看到家里鸡飞狗跳、乱七八糟，控制情绪的难度太大了，很容易从家庭乱象中找到一个出气筒。

小男孩宁愿把头扭到一边，默默承受——这是受气包的常见表现。我们还是要多了解、多包容，避免"帮助"孩子形成处理情绪的不良方式，在学校、在社会上得不到他人的理解。

学会辨别、管理、控制情绪

那么，父母为什么会向孩子转移消极情绪，把孩子当成出气筒呢？

前文提到"情绪化的父母养出情绪化的孩子"，孩子成为父母后，会把这种消极情感代入自己的情感体系，把错误方式当成家教方法。

有些父母认为"孩子不会记仇"，但他们却忽视了，不被记住的"仇"会积郁于心，进而抵消掉我们对孩子的爱。随着"积少成多"，一旦孩子发觉我们对他们的爱在失去，他们也会失去爱自己、爱家人、爱他人的能力。

怎么办呢？

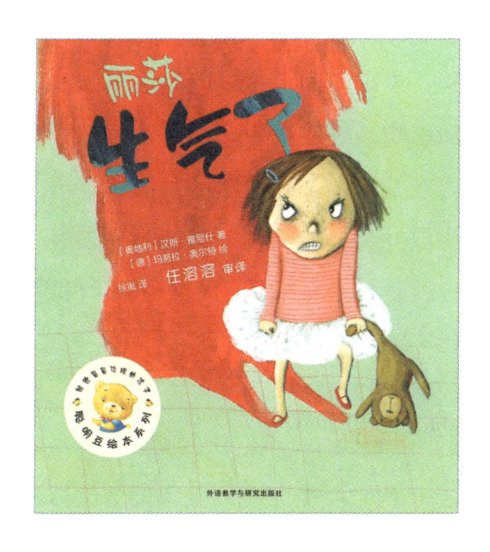

开始共读吧

《丽莎生气了》

[奥地利] 汉斯·雅尼什著，[德] 玛努拉·奥尔特绘，徐胤译，任溶溶审译，外语教学与研究出版社，2016年12月出版

从这本书的封面上能看到表示生气情绪的大片红色，翻开书，环衬上依旧是"血红一片"。

这片红色属于小女孩丽莎，我们看她的表情还有动作，能感受到她这次的气很大！

我们知道，情绪有积极和消极之分。在这样一个多变的、物质发达的社会，诱发消极情绪的机会多于以往任何时期，即便再卓越的人也难免会产生消极情绪，从而带来消极行为并产生不好的后果。何况孩子呢？

情绪管理不是去围堵消极情绪，而是要疏导负面情绪，给情绪一个合理化的出口。在有情绪的时候，不妨借助亲子共读绘本时产生的力量，帮助孩子转移负面情绪。有时候，还可以发挥绘本故事中榜样的作用——我们自己也可以尝试着运用图画书中的方法，看看自己使用起来是否有效，然后再跟孩子聊一聊，说出自己的感想和收获，鼓励孩子尝试去管理和控制情绪。

那么，如何应对孩子的负面情绪呢？

我们知道以口头说教的方式要求孩子改变是无济于事的，我们的"说教"常常基于成人对孩子行为的解读，也许孩子正在以某种成人认为不适宜的、不乖的、不懂事的行为来表达他自己的某种心理感受。所以，我们首先要对孩子"表达"情绪的行为进行甄别。

书中表现了丽莎生气宣泄的过程，表现了丽莎生气时的状态，以及对周遭环境和人物——包括那些玩具的影响。好在书中还没涉及丽莎的情绪对他人的干扰，或许这是作者的用心之处吧，负面情绪的宣泄和排解，需要彻彻底底，我们不必对丽莎的行为做好与坏的评判。这样一个故事，就是要帮助孩子"输出"负面情绪，也就是越来越多的爸爸妈妈知道和赞同的一个理念："孩子生气了就让他发出来。"

我们可以从本书的亲子共读中，预先引发孩子的情感共鸣，提供一个我们与孩子对话的契机，以丽莎的事例让孩子明白，不论什么原因（本书刻意回避了丽莎生气的原因），每个人都会产生包括生气在内的不同情绪体验。

第十五章　别把孩子当出气筒

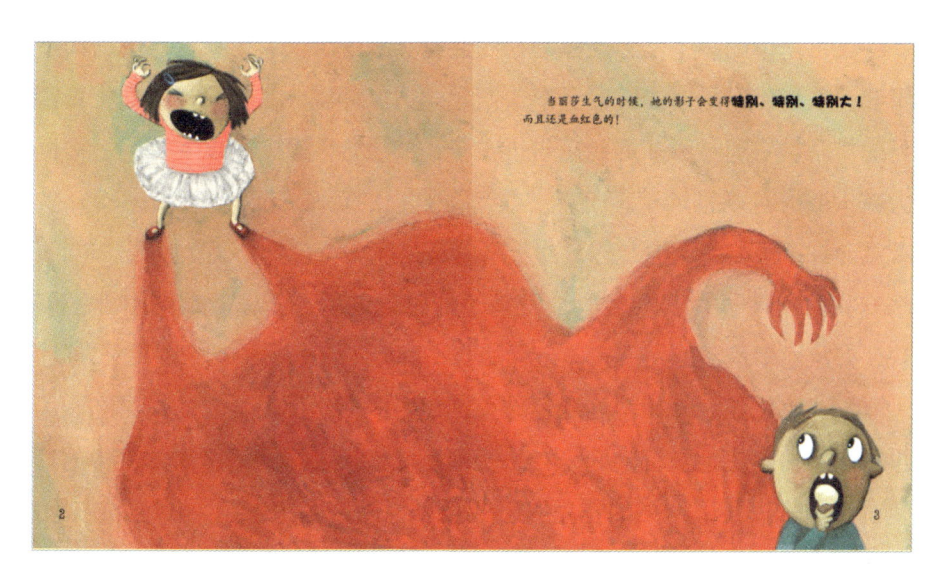

《丽莎生气了》内页：丽莎生的"气"很大

《丽莎生气了》内页：丽莎的"气"很有威力

还可以帮助孩子学习迁移别人的经验。孩子仅仅认识到自己的情绪还不够，最终目的是要能够自己解决问题、适应环境。书中很直接地把最常见的排解方法通过丽莎的经历告诉孩子：如果生气了，可以发脾气，可以大喊大叫，可以推墙壁，可以"欺负"自己的玩具，可以捶地……总之，就是允许孩子能完全地"怒气冲天"，火冒三丈，宣泄得天翻地覆。

我们和孩子共读本书能激发孩子情感上的震撼，体验情绪宣泄的畅快，并从丽莎最后的结果来体会释然与平静。

整本书以红色开始，到绿色结束，色彩的变化使小读者的情绪在阅读过程中不由自主地被调动起来，感受丽莎"气极了"的情绪。故事中的蓝色画面"发挥"了这样的作用：蓝色可以消除紧张感，起到镇定的作用。蓝色混杂在橘色、白色和灰色，甚至黑色中，这样的色彩搭配可以自然而然地消除身体的紧张感。书中隔三差五出现的暗绿色也有类似的作用，蓝色可以使人的身体得到放松，而绿色则使人的心理得到放松，从而达到释放情绪的效果。

除了色彩的运用有助于帮助舒缓情绪外，夸张的整体风格，以及线条、色块、明暗、布局和造型等图画元素，也推动着丽莎的情绪发泄，帮助营造适宜的气氛和情境，让大小读者跟随丽莎的情绪游走的同时，慢慢储备幽默的力量，将丽莎的负面情绪对读者的负面影响降到最低限度，在不知不觉中感受简单故事的十足分量，让内心放松下来，为最后认同和接受丽莎的情绪和状态做好铺垫。

这正是运用图画书进行亲子共读实施家庭教育的魅力，更是亲子共读提供给孩子心理和情感上的美好。

回到父母的情绪管理上，我们从这本图画书中学到了什么方法呢？

无论哪一种方法都值得去尝试一番，唯一要指出的就是千万不要在自己有情绪的时候打骂孩子，尽量深呼吸让自己冷静，或者转身离开这个有可能发生不良后果的环境，不要和孩子面对面。

等到自己心平气和之后，再出现在孩子面前——就像丽莎那样。

第十五章　别把孩子当出气筒

·慢师傅家教招式·

1. 情绪转移大法

"情绪转移"是人们常用的一种心理防卫机制，通常是自己对某一对象有愤怒或喜爱的感情，但由于某种原因无法直接向对方发泄，于是将这种情绪转移到比自己级别更低的对象身上，从而化解心理焦虑、心理压力。

大人把孩子当作"出气筒"也是在转移情绪。如果我们合理、合适地"转移"情绪，而不是把孩子当作"出气筒"，是不是就不会对孩子造成伤害呢？

《好讨厌的熊！》中的熊先生给了我们一些示范。从图画的人物形象、情节细节来看，熊先生更像成人，他接受了"发脾气"小女孩的道歉。作为儿童代言人的红发女孩既是情绪的生发者，也是终结者；既是坏情绪的发起人，也是好情绪的传递者。我们每个人都应该学会，都应该做好"情绪转移"过程中的各个角色，接纳自己、安慰自己、提升自己。

据心理学家研究发现，坏情绪和细菌病毒一样具有很强的传染性，而且传染速度非常快。美国洛杉矶大学医学院的心理学家加利·斯梅尔做过

《好讨厌的熊！》

[美] 艾米·戴克曼著，
[美] 扎克瑞·奥哈拉绘，
绿绮译，安徽少年儿童出版社，2017年5月出版

《好讨厌的熊！》内页：被多次"欺负"的大熊再也无法忍受了……

一个心理学实验，他让一个开朗、乐观的人与一个愁眉苦脸、抑郁难解的人同处一室。结果，不到半小时，这个原本乐观的人也开始长吁短叹起来。加利·斯梅尔经过进一步的实验后证明：只需要20分钟，不良情绪就会在不知不觉中传染给别人。

《好讨厌的熊！》既示错也示范，给了我们一些调节情绪的建议，如注意力转移法、能量发泄法、行动替换法、环境调节法，特别是红发女孩情绪转移后的真诚道歉。有了这样的经历，或许孩子们可以慢慢学会推己及人，能站在对方的角度来看问题。当你生发出"不该迁怒于他人"的理念，自己的气自然也就生发不起来。熊先生迅速地接受歉意也值得我们学习，宽容大度对人，停止"精神报复"。当我们都学会宽容，很多脾气也就发不出来了。

当恼怒不已的情绪即将爆发时，学着用意识控制自己，慢回应、深呼吸，还可以再次捧起这本书，读一读红发女孩和熊先生的故事。

2. 可理解、可控制的情绪"报复"

在《熊占了我的椅子》中，一只大熊坐在小老鼠的椅子上，小老鼠想尽各种办法想让大熊离开他的椅子：狠狠地瞪他、用鸭梨吸引他、穿着内

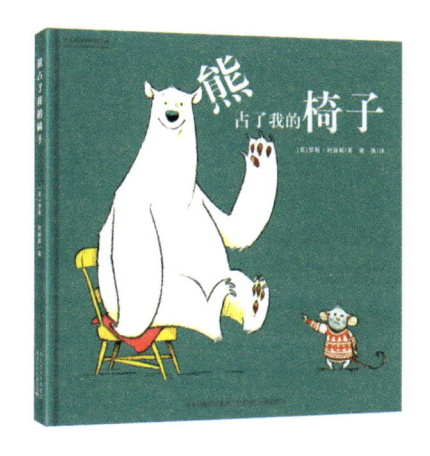

《熊占了我的椅子》

[英]罗斯·柯林斯著,谢沐译,河北少年儿童出版社,2021年10月出版

裤从箱子里蹦出来吓他,可是大熊都不为所动。小老鼠终于发了一通脾气,然后走了。他去哪儿了呢?等大熊回家就知道了。

老鼠以"霸占"熊的大床的方式"报复"了大熊,这是排遣负面情绪的一种方法。我们也可以尝试在可控范围内小小地"报复"一下——这个可控范围也只有自己能够根据日常的如与孩子、与家人的交往才能知晓,比如,孩子咬你,你也轻咬孩子;孩子总是忘了物归原位,你也把孩子的物品弄乱……但我们要明白,此时的"报复"只是发泄负面情绪而已,而不是在帮助孩子发展正确的观念和行为。

大熊是在自己的家里被"报复"的,这也提醒我们:解决情绪危机必须在家的范围内——毕竟家是最安全的港湾。

《熊占了我的椅子》内页:被大熊占了椅子的小老鼠再也无法忍受了……

第十六章

男孩发育史

想一想

你知道性别教育的关键期吗？

怎样才算有男子汉气概？

第十六章　男孩发育史

性别教育的最佳时期

还记得那个曾经是各种"小怪兽"的男孩吗？过了青春期后，他彬彬有礼，自食其力地工作和生活，老母亲、老父亲老泪纵横，觉得整个养育过程的辛苦和幸福都有了一个满意的结果。

在当今复杂的生命认知和生命教育形态下，男孩的性别认知成了一个非常重要的教育议题，原本在青年时代才显现的包容与排斥，甚至是性别对抗，已经开始"下沉"——低龄化，父母们一定要加以重视。

一般而言，男孩的成长中有两个进行自我认知教育的最佳时期，只要我们施加合适的教育和影响，小男孩就能变成真正的男子汉。其一是母子一体化分离期，其二是青春期前期。

有研究显示，3～5岁虽然是性别角色建立的一个非常重要的阶段，但在当前的很多文化中，男孩都承受着比女孩更大的性别角色压力。与男孩相比，女孩更容易获得一个"更异性化"的玩具，也更有可能保持对异性游戏、活动的兴趣。如同成人接受"女汉子"比接受"伪娘"更容易一样。今天，很多发展心理学家和儿童教育者都认为，严格定义的性别角色对于男孩和女孩的发展是一种消极限制，事实上，告诉孩子不管是男生、女生都可以细心体贴、勇敢坚强，这对于孩子来说，不仅是一种对禁锢的解放，也有利于孩子发展健康的心理，同时学会对他人保持尊重。在这方面爸爸应该发挥重大作用，毕竟妈妈们"不曾经历"男孩的发展，她们凭直觉可以养育好女孩，而养育男孩，连柏拉图都说："——在所有的动物中，男孩是最难以管束的。"因此，父亲用自己的方式参与到育儿中来，爱和尊重妻子，就可以给男孩示范如何与女孩交往的榜样。

当然，爸爸也可以通过与儿子共读的方式开启性别教育，比如阅读《真正的男子汉》。

开始共读吧

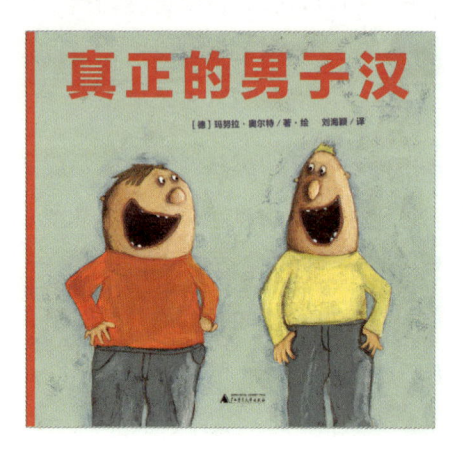

《真正的男子汉》

[德]玛努拉·奥尔特著绘，刘海颖译，广西师范大学出版社，2016年3月出版

图画书还能解决这样高深的问题？能帮助小屁孩开启性别教育？

读到这一章，我们已经共读了近50本图画书，我们发现，面对孩子的那些令人头疼的大问题，我们可以从图画书中获得很多启迪。在养育男孩时，我们不能认为男孩永远都是小屁孩，他们迟早要长大成为顶天立地的男子汉。对，或迟或早！最新研究认为，男孩的青春期要延长到21岁。好吧，我们要理解和接受男孩子超长时间的成长过程中的各种正常和不正常的行为。

记得我儿子上六年级时参加足球夏令营回来，跟我们说起了球友们在集体宿舍里卧谈时的聊天内容，相比我们经历过的大学卧谈会，单纯了很多，但对于女生的探讨也占了很大比重。我一下子就想到了多年前，儿子和比他大一岁的堂哥聊起他们各自幼儿园里的小女生的生动场面。这样想来，男性谈论异性倒是一脉相承，只是各个阶段有各自不同的话题罢了。《真正的男子汉》既然说的是两位真正男子汉的故事，当然也少不了同样的话题，只是乳臭未干、乳牙刚落的小小男子汉的话题简单而直接，毫无对性的真正认知。

我曾对绘本下过一个望文生义的定义："绘是方法，是感受，也是艺术；本是形式，是内容，更是文学。"这个文学当然指的是儿童文学，儿童文学中当然也包括幼儿文学，《真正的男子汉》是一篇上佳的幼儿文学。不信，我们来看看这个"文"：

　　"女孩子真没趣！"
　　"她们一天到晚只会给布娃娃梳头，"
　　"穿上又脱掉。"
　　"穿上又脱掉！"
　　"穿穿穿脱脱脱"
　　"穿穿穿脱脱脱"
　　"她们抱着一堆玩具熊睡觉，"
　　"要不就害怕！"
　　"她们是真正的胆小鬼！"
　　"夜里她们会吓得尿裤子。"
　　"不，——是尿在睡衣里！"
　　"她们还怕鬼。"
　　"鬼鬼鬼"
　　"到底有没有鬼啊？"
　　"肯定没有"
　　"对！"
　　"我得去尿尿。"
　　"我也要……"

不到一篇微博容量的文字里，用对话的生动方式刻画了一对真实、可爱……的小小男子汉。我不会在男子汉三个字上打上双引号，因为我认为这段幼儿文学呈现出来的正是生活中的男子汉的状态，也是男子汉幼时应有的样子。由此，我又想到生活中我们会碰到的事情，在冰冷的隔着窗口的儿童验血处、在手持可怕针管的护士出没的注射室，大人或是接受小男子汉的号啕大哭，或是哄骗他们说"一点都不疼""就疼一小下"，或者是横向比较说"你看前面的小姐姐可没哭哦"，进而威胁道"男子汉哪有哭的"……总之，大人——这些曾经的小小男子汉全然忘了自己幼儿时候的模样，只是根据成人的男子汉气概对小小男子汉提出这些"无理要求"。

从文字来看，这是一篇高级的幼儿文学。那么，图画呢？上小学三年级的女儿的评价是："这水平真不怎样，跟我小时候画的没脖子人一样。不过……"女儿咯咯笑了起来，"这样挺搞笑的。"女儿继续犀利地评价："跟他们的行为一样搞笑。"或许这就是作者想要达到的效果吧，文与图有效

《真正的男子汉》内页：聊着聊着，两个小男孩自己也害怕了，最后他们和小女孩一样抱着玩具熊入睡了。

第十六章　男孩发育史

搭配、相互强化，达到增强"笑果"的效果。女儿意犹未尽，继续"麻辣"点评："这些男子汉的胆子随着他们的嘴巴的变化而变化。"这倒是很新颖。"哼，他们嘲笑女生的时候，嘴巴张得大大的，肯定声音也很大。可是一说到鬼，他们的嘴巴就小得可怜，估计声音也小到听不见。"

"读多识广"的女儿的"儿童文学评论"还挺到位，不过，这仅仅是篇儿童文学故事吗？我们是不是还能读出对大人的期待——我们应该怎样支持和帮助小小男子汉？

男孩谈论这些内容时正是接受性别教育的良机。性别教育是对孩子进行性教育的基础，是孩子了解自身的启蒙教育，也是孩子形成健康人格的基础。随着幼儿的身体变化，从外界得到的信息增多，孩子的性别意识从3岁开始建立，一直持续到青春期。

据我猜测，书中的这两位男孩貌似正经历人生中的第一个"性别印象刻板期"——他们对男孩和女孩的行为模式有着既清晰又模糊的标准。"清晰"指的是在这个阶段，男孩和女孩倾向于分开玩，选择有更强烈性别特征的玩具，他们甚至会认为一个玩布娃娃的男孩比一个霸道的男孩更令人难以容忍。出现这种倾向可能和性别恒常性的缺失有关：孩子需要非常强的证据证明自己是一个男孩/女孩。这种强烈的刻板印象一般到孩子6~7岁时会逐渐改变，因为这个阶段的孩子掌握了性别恒常性，知道性别不会被轻易改变。一旦他们清晰地认识到性别恒常，就会知道给娃娃梳头、抱着小熊睡觉、被毛毛虫吓哭了等不会改变自己的性别。

对于性别本身的认知相对容易，而家庭、学校和社会文化中对于不同性别个体的印象、期待和要求则受到各种因素的影响。摒弃我们固有的性别偏见其实并不容易，因为我们就是在那样的环境中长大的，有些观念已根深蒂固，比如姥姥评价过我的儿子"真胆小"，一定要"勇敢"——而那个时候5岁的儿子正在用自己的体验去感受道路的危险和如何解决问题；女孩子不能"大声说话"，即使是表达愤怒情绪也要控制自己……

怎么办呢？就像书中的话题一样，谁说"女孩子只会给娃娃梳头"？

我们可以通过玩游戏，让男孩参与女孩喜欢的各种扮演游戏，加深孩子的感性认知，或者通过共读《真正的男子汉》这样的绘本。我喜欢这个书名，孩子们会对"真正"进行比较，这样的书完全可以在小班以上的孩子们中间进行"讨论"，说不定会有很多关于"真正的"和"男子汉"的精彩表述。

对于孩子，我们如果能按上述这样开始性别认知教育，后面再进行以两性关系为主要内容的性别教育就容易多了。

第十六章　男孩发育史

不做"胆小鬼",不当"小废物"

无论理念和实践的分歧有多大,真正的男子汉已在成长过程中,爸爸们,看你们的啦!

这里我要特别指出,随着年龄增长,家庭教育对孩子来说只是重要的一部分,来自同伴的"教育"和影响也变得非常重要。

开始共读吧

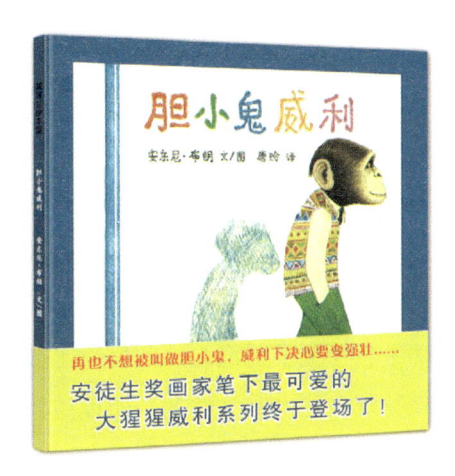

《胆小鬼威利》

[英]安东尼·布朗著绘,唐玲译,二十一世纪出版社,2009年8月出版

威利友善而温和,连苍蝇也不忍心伤害,但他与其他男子汉相比瘦弱单薄,被称为"小废物",没有人愿意跟他玩;他还常被一些同龄"混混"欺负,被称为"胆小鬼"。"小废物"加上"胆小鬼",很显然不像是"男

子汉"的正面评价。

　　威利不喜欢这样，他想成为男子汉，他不想被人瞧不起，他选择的方式是让自己强壮起来。怎么办呢？威利看到了一个健身广告……

　　威利为了达成目标，进行了刻苦的练习，然后就变得非常强壮。

《胆小鬼威利》内页：一锻炼，威利的"男子汉威力"非常强大

　　身强体壮是公认的男性特征之一，这会增强青春期男孩的自信，从下图我们能看到变得身强体壮后的威利走在路上抬头挺胸、精神十足的样子。有了这样的男子汉气概，当他再次遇见混混欺负人——这次不是欺负威利，而是欺负一位女生——我想这是安东尼·布朗的特意安排，救助异性也是有男子汉气概的重要表现。

　　果然，充满力量的威利还没有动手就吓跑了混混，因此得到了被救女孩的感谢。这种感谢也是"中男子汉"既向往也难为情的，所以威利的脸都红了。

　　更重要的是，威利的内心重新建构了，他为自己勇于救人的行动感到骄傲，他觉得自己不仅"不是胆小鬼啦"，而且是"英雄"——是的，在他人需要帮助的时候，能勇于出手就是英雄。

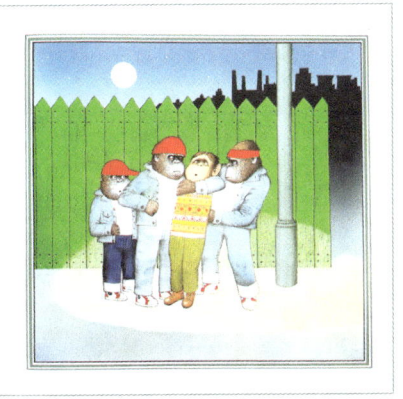

第十六章　男孩发育史

有时，一群郊区的小混混会欺负他。
"噢，对不起！"威利一边挨打一边说。
小混混们都叫他"胆小鬼威利"。

一天，威利走在街上。

他看见那群郊区的小混混正在欺负米莉……

《胆小鬼威利》内页：再对比，威利的"男子汉威力"让威利很有自信

他们落荒而逃。

"噢，威利！"
"怎么了，米莉？"
"你是我的英雄，威利！"
"嘿嘿！"

《胆小鬼威利》内页：威利用"男子汉威力"助人助己

一个身强体壮又能见义勇为的男人，就是真正的男子汉。

威利很骄傲。	"我不是胆小鬼啦！"	"我是英雄。"	Bang!

《胆小鬼威利》内页：威利的"男子汉威力"背后还有着一颗善良的心

第十六章 男孩发育史

·慢师傅家教招式·

1. 与异性交往要自信

《**大熊和蜘蛛·新朋友**》

[美] 雅各布·格兰特著绘，李一慢译，江苏凤凰少年儿童出版社，2023年8月出版

《大熊和蜘蛛·新朋友》也给我们示范了一个"社恐"的内心波动，示范了在同伴的帮助下，突破自己带来的社交快乐。

本书放在这一章是因为这本书中有朦朦胧胧的情感戏份：大熊发现送货员是从来没见过的非常迷人的大猫熊（就是我们都喜爱的国宝大熊猫）——他的心儿怦怦跳！这似乎就是一见钟情的感受，后续的情感涟漪是大熊希望再次见到大猫熊。只是，结交新朋友对大熊来说一直是个挑战，更何况是让自己"心儿怦怦跳"的大猫熊呢。

大熊采取的方式是不停地下订单，希望在收货的时候能再见到大猫熊。可是每一次见面的时候，大熊都张不了嘴。在大熊下定决心要张嘴的时候，送货员却换了一位。

"你不是……大猫熊!"大熊都快哭了。

大熊伤心极了,他以为"我再也见不到大猫熊了。我再也不能和大猫熊说上话了……"

幸运的是,大熊的好友蜘蛛帮助大熊找到了做自己的勇气。蜘蛛想到了一个方法,大熊也如愿与大猫熊结识了。

大熊的心理曲线和状态描写,与这个年龄段的"中男子汉"或者"大男子汉"极为相似,可以为男子汉们提供一个样板。而且,这样欲扬先抑的写法让大熊的性格更加饱满,其变化过程也更容易得到孩子的共情与喜爱。特别是小小男子汉们也能从故事中读出隐含的道理:自信可以带来美好的事情。

2. 让孩子看到家的美好

在《水獭先生的婚礼》这本书里,让我非常感动的,让很多孩子很感兴趣的是故事里每个角色的家。看得出来,作者下了很大功夫在似乎对情节不起什么作用的"环境背景"的刻画上。我们知道家是孩子最为依赖的港湾,书中的家,不管是单身的河狸家、熊先生家,还是犬羚夫妇的两口

《水獭先生的婚礼》

李星明著绘,新世纪出版社,
2021年5月出版

第十六章 男孩发育史

之家，抑或是有娃娃的绵羊家和鹅家，特别是新婚的水獭家，都是那么的温馨、那么的令人向往。

这种美好也会潜移默化地传递给小小男子汉，当然也会被小小淑女喜欢。我甚至怀疑，是不是有些孩子会在心里萌生一些结婚的美好愿望呢？

和喜欢的人结婚是低幼孩子常有的念头，在特定时期，他们还会思考和谁结婚、和谁生孩子、生几个孩子的问题。

与独生子女家庭不同，我家有一儿一女，这样的搭配使得很多家教话题随时可以开展，如"和谁结婚"的话题。我家是兄妹组合，作为跟屁虫的妹妹，很爱她哥哥，这种喜爱有个最直接的表达："我要跟哥哥结婚，天天在一起。"上了幼儿园大班，她接受了兄妹不能结婚的硬道理，开始不停地"更换"结婚对象。有一次，女儿特认真地告诉我："我还是要找一个像哥哥那样的男朋友，长得又帅，学习又好，还总让着我。"

这应当是女儿当时的选择标准吧！

在《一只想当爸爸的熊》这本书里，作者就借着想当爸爸的大熊的梦想，提出了一个具体而细微的大问题："喂——，谁——知——道——，我怎样才能有个宝宝？"

在想当爸爸的大熊的心目中，适合结婚生娃的对象是什么样子呢？书中暗暗做了交代，就在大熊沉浸在"大熊云"这样的家族传统故事中时，"大熊突然想起小时候妈妈最爱讲的故事：熊宝宝出生以前，会在那朵大熊云上欢笑地跑来跑去……"正当此时，耳边"轻轻响起"一个温柔的声音："你真的想要宝宝吗？"大熊吃惊地转过身，看到一头美丽可爱的母熊正盯着他，眼里满是爱意。

温柔的、美丽可爱的、眼里充满爱意的——这或许就是作者透过大熊所描绘的能当熊孩子妈妈的最美形象吧！

当爸爸是很多熊都能做到的，是否能找到最美的她是需要运气的，或者更需要眼光吧。所以，我们跟孩子谈论生命教育、人的起源的话题时，

《一只想当爸爸的熊》

[德] 沃尔夫·埃布鲁赫 著绘，王星译，广西师范大学出版社，2020年4月出版

除了聊聊小宝宝是怎么来的，要是再进一步，跟孩子探讨"你愿意和谁生宝宝？"，是不是能让孩子思考一番？

那么，就从这个小话题开始吧。

第十七章

女孩成长记

想一想

我们真的要向孩子学习吗?

妈妈要给女儿树立怎样的榜样?

第十七章　女孩成长记

家有小女孩的妈妈经历第二次成长

在我修订完文稿时，我的女儿刚过完 17 岁生日，她自己感慨"我都快成年了"。是啊，那个曾经在襁褓之中的婴儿已经是亭亭玉立的大姑娘了。在她生命的历程中，从池塘到小溪，蜿蜒入河流、奔腾进大海。我也即将守在港口，送她扬帆起航。

看着眼前这个独立自信、大方热情的女孩，回想起我陪伴她成长的这些年，何尝不是我生命的第二次觉醒和成长？我曾经也是个小女孩，就如我的绘本《我的家》中讲述的一样，我的童年也是我在寻找家、适应家、爱上家的过程。我的成长中有爱意满满，也有迷茫探索。生命的力量在于我认识到了我是谁、我从哪里来、我要到哪里去。

开始共读吧

《我的家》

林丹著，[德] 索尼娅·达诺夫斯基绘，中国少年儿童出版社，2017 年 12 月出版

《我的家》这本绘本是一本充满深情的，让孩子懂得爱和被爱，懂得给予和接纳的美好的图画书。故事中温馨的画面，以及那个被称为"家"的地方所传达出来的温暖，可以让读者反复阅读。

当我们从妇幼医院"带着"孩子回家，"家"给了我新的意义，也带来了更多的责任。我开始不知疲倦地学习，了解什么是儿童，儿童有着怎样的发展规律；我也开始学习家庭教育知识，当我进入童书的海洋中，我发现原来可以从图画书中学习如何当父母——书中有各种各样的父母，书中有各种各样的孩子，一个又一个的生活场景，一帧又一帧的世界图景，一幕又一幕的历史画卷……其中的很多故事"藏着"教育的真谛和育儿的智慧。

当我第一次为女儿轻声朗读喜欢的故事，奇妙的事情发生了：我怀里的孩子用表情、声音回应我，她听到了妈妈的声音里有什么不一样了吗？她迫切地伸出手，她看到了妈妈的手中有什么奇妙的东西了吗？

一次又一次，女儿享受着我读书给她听。没过多久，哇，她居然伸手要翻书，还咿咿呀呀说着什么。

一年又一年，我享受着读书给她听的快乐，我们一起读了好多好多本书。有些书我们读了又读，十遍、百遍地读。有些书拿起来又放回去，过段时间又拿起来……不知不觉中，我们可以一起选书了，我们可以一起读书了；然后，我们可以一起聊书了。

有了与女儿共读的经历和收获，我想让更多人享受这种快乐，于是，我创办了悠贝亲子图书馆，希望影响更多的家庭。在这个过程中，女儿时常和我一起在图书馆里工作，也和很多来访的小朋友和她成了朋友，她在图书馆里办了3岁生日会，在图书馆里拍摄了第一次上央视少儿频道的节目……

小小的图书馆装进了更多的书、涌进了越来越多的人，看着大手牵小手进进出出，我们以书为媒构建了美好生活方式，提供了人人交互的丰富体验，成为孩子成长的幸福家园。

开始共读吧

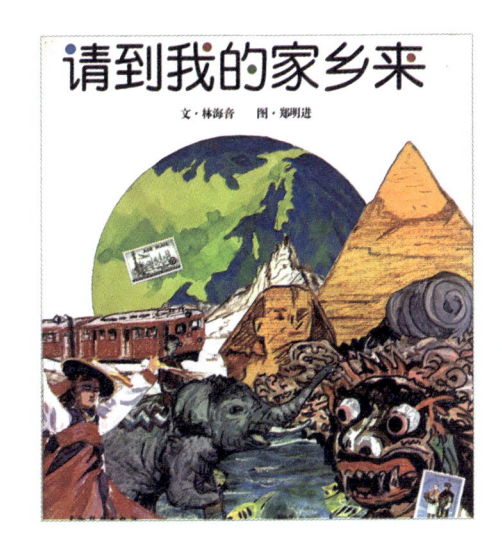

《请到我的家乡来》

林海音著，郑明进绘，郑州大学出版社，2018年5月出版

有像我们一样，共读一百遍的书吗？在我和女儿共读超过一百遍的书中，《请到我的家乡来》和《我的家乡真美丽》是我特别推荐的两本书。《我的家乡真美丽》是《请到我的家乡来》的姊妹篇，用15篇文章介绍了15个国家或者地区，我们共读后，会在地球仪上找到这个地方并标注出来，同时列入我们的旅行计划。随着共读的次数增加，书中的画面根本不够看，我们还找出专门讲述某个国家的书一起看，了解更多的信息。这两本书在我们案头停留了一年多，给我们带来很多愉悦的亲子时光。后来，我们行走在七大洲和南极、北极的那些年，我和女儿都认为，正是这两本书起到了"种草"的作用。在未抵达目的地之前，通过读书可以积累间接经验、留下遐想空间，是成长中非常有意义的"纸上谈兵"，一旦行动起来，将收获更多的直接经验。我们后来选择书的时候，关于描述地球上某处有特色地方的书都会成为我和女儿的偏爱，"种草"的过程就和许愿一样，总是充满希望。

我的女儿在成长过程中，有机会看见世界的丰富多彩，心中的世界越来越大，探索世界的动力也越来越强。

每个女孩都有自己的花期

说到"种草",还要推荐一本我和女儿大爱的图画书《小种子》。书中的小种子完成一个生命轮回,我们也一样。从书中我学会了慢养育,也理解了长期主义。在我女儿成长的十多年里,正是中国社会快速变化的经济周期,教育环境越来越"卷",当教育被产业化,无数放大家长焦虑情绪的广告充斥人们的眼球,假如没有稳定的内核,家长和孩子都特别容易被卷入盲目的教育"军备竞赛"。

开始共读吧

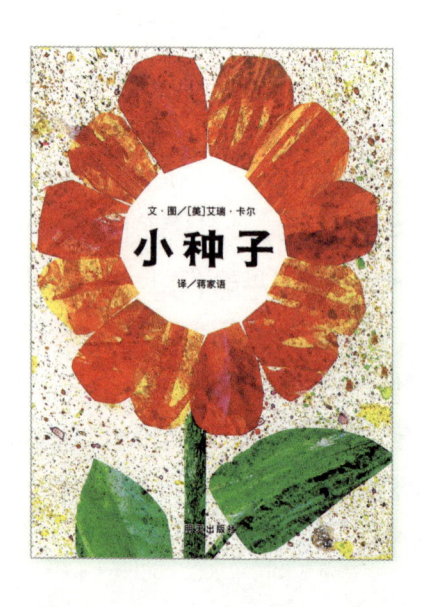

《小种子》

[美] 艾瑞·卡尔著绘,蒋家语译,明天出版社,2010年10月出版

第十七章 女孩成长记

《小种子》通过一群小种子的旅行，阐述了并不是跑得最快的就是好，也不是长得最高的就是好，也许"慢"即"快"，学习和人生一样，都是马拉松，掌握好方法，认准方向，找到适合自己的节奏，坚持不懈，终将获得自己想要的结果。就如书中最后小种子开出了一朵巨人花，又播撒出无数的小种子，生生不息的生命开始了新的旅程。这么有智慧的哲理，不需要直接给孩子讲道理，只要你给孩子翻开这本书，在讲故事时书中的智慧就会沁入心田。

我的女孩慢慢地成长，她也有属于自己的花期。

开始共读吧

《小黑鱼》

[美] 李欧·李奥尼著绘，彭懿译，南海出版公司，2010年1月出版

我和女儿也都喜欢《小黑鱼》，茫茫大海中，小黑鱼那么渺小，就如我们每个人在社会中也是普通且渺小的。当我们胸怀大志想奔向远方时，总会发现自己势单力薄，抗风险能力差，难以把握大方向。但如果我们如许许多多的小黑鱼一样，为奔向同一目标而汇集在一起，在浩瀚无边的海洋里，就有机会躲过庞然大物的攻击，提高安全抵达的成功概率。

孩子在成长中，需要懂得合作的意义，个体能够做到优秀很好，如果还能和其他优秀的人一起合作就更好。而合作也是社会化能力很重要的一项，关于合作的绘本有很多。通过亲子共读，孩子可以体会到合作不可小觑的力量，进而在生活中不断尝试和练习，提升合作能力。孩子在学校里与他人合作时能收获愉悦的体验，与我们日积月累强化合作的意义有关。因为，谁也不是天生就会合作的。

学龄前是建立亲子关系的最佳时期，如果家长能早早意识到"三岁看大，七岁看老"，就会排除万难，多花些时间陪伴孩子，也会努力学习高质量陪伴孩子。童年不可逆，在无比宝贵的时光里，我们共读过的那些瞬间，就是送给孩子成长的最好礼物。我无比幸运，有机会见证一个女孩慢悠悠地快乐成长！

这些年我一直在选书，也结识了越来越多的编辑、作者、出版人，很多的专家老师给过我们指导，我越来越相信童书世界丰富且美好，我们应该给孩子选择的机会。

女儿渐渐长大后，我自己读着这些年新出版的书，越发觉得童年太短暂了，亲子共读的时光再长一些多好啊，还有那么多好书值得我们一起细细品味。当然，曾经共读过的书，也成了我们精神世界的情感联结，在未来某些时刻一定会生发出力量。

女儿还在长啊长，未来去往何方也还是未知数，但我们一起走过的路、读过的书、聊过的话题，曾经的心心相印，相信会陪伴她抵达无数个她想抵达的远方。在这个时刻，我送给17岁的女儿一本《100位华人传奇女性——她们的故事》，这本书讲述了有着不同经历的华人杰出女性的故事，希望女儿追寻梦想的路上有来自他人的智慧陪伴。

"安心丹"育儿金句

成长是人生的主旋律，多元成长助力夯实地基。

未来孩子总要飞翔，父母可以带着孩子多试试，不要着急。

第十八章

一起静待花开

想一想

在感叹"卷"之外,

你会说哪些正面的与家庭教育有关的词汇、金句呢?

念叨完"从前慢",

你准备带孩子做些什么当下慢的事情呢?

家庭教育重在榜样示范,

读完手头的这本书,下一本准备读什么书呢?

林丹：面向未来的绽放，需要静静等待

开始共读吧

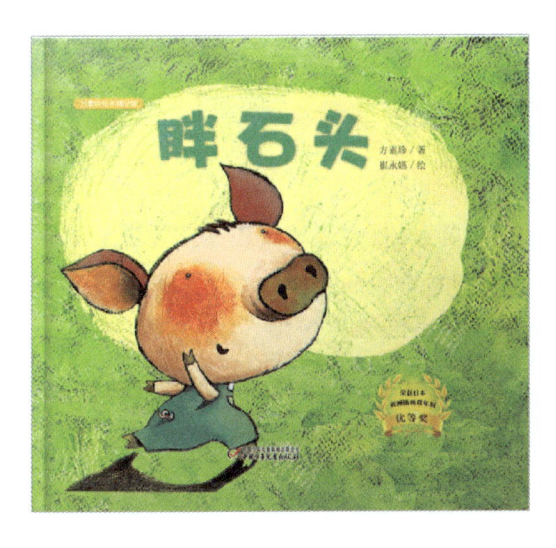

《胖石头》

方素珍著，崔永嬿绘，
中国少年儿童出版社，
2014年11月出版

我曾经在多年前为《胖石头》写过一篇推荐文章《静待花开》。这本温情的绘本特别适合引导父母举全家之力为孩子鼓掌喝彩。感动于书中胖小猪只是演了一动不动的石头，仍然收获了老师和家人热情洋溢的赞赏。每个孩子在不同阶段优势不同，发现他们的一点点进步并加以鼓励，孩子就能收获信心，不仅会做得更好，而且会更有勇气去发展其他的优势。

女儿第一次面临升学焦虑是在小升初的时候，当时孩子问我："为什么我喜欢的、擅长的都不叫特长？"我了解到她和同学们曾讨论了某些拥有

指定的特长项目的同学可以被名校录取这个话题。在我们家里，教育没有指向功利性，孩子喜欢体验什么，我们都是积极响应和鼓励他们去尝试。比如，我们用了两年的时间，每个周末花半天时间泡在花店里，只为了上女儿喜欢的花艺课。这门课需要安静的心绪、不受打扰的创造力，需要刻意练习才能做出一个像模像样的作品，而且这样的作品仅仅被欣赏一周就枯萎了。

在小学上百门选修课中，我女儿一直选择的是环球文化课和衍纸课，每周要占用2个下午共4个课时，选修课不发证也没有评分。在环球文化课上，每一节课会有某个国家的老师介绍他的国家的文化，通过有趣的各个环节设计，让孩子对这个国家产生好奇和初步了解。孩子每次放学回家，都要在地球仪上标注这个国家将是我们旅行的下一个目的地，然后开始做环游世界的美梦。记得上土耳其课程时，学校还安排学生到生活在北京的土耳其家庭交流做客。这些很花费时间的课程安排，给了孩子很多造梦的想象空间，打开了她的多元视角。

在校外，女儿坚持最久的课程是攀岩课。每次看到她在北大山鹰社训练基地那高高的墙壁上攀爬时，我仿佛看到未来有一天她会去登珠峰。在北京大学附属小学倡导的"专心地学习，快乐地玩耍"的理念指引下，孩子所处的教育生态环境堪称完美，符合我对教育的所有期待。而这些都和"立刻"提分无关，对于这些与当下筛选人才的标准的差异，作为家长需要放下一些执念。

生活在被戏称为"教育高地"的海淀区，我们在每个寒暑假会找出阅读时在地球仪上标记过的各个地名，计划出一条又一条亲子研学之路。读万卷书和行万里路都需要很多的时间，都需要最信赖的人陪伴，而这些慢慢的养育时光，没有当下必须达成的目标，无疑在应试教育环境里是一项奢侈的选择。我经常在想，家庭教育、学校教育、社会教育在不同阶段的共生关系，什么是最优选择呢？走过的路是直接经验，读过的书是间接经验，两者的交互联结，到底缔造出什么样的画卷不得而知，也许在未来某

第十八章 一起静待花开

一天智慧自然而然溢出,流入生活,又有了新的创造。

在养育孩子上,我最大的确定可能就是一直相信她是天使,知道要好好养护她的"翅膀",鼓励她飞翔,目送她远去或者归来。家庭教育保持内核稳定非常不容易,父母需要在孩子成长的过程中不断地提前学习和了解未来,才能稳稳地坚信当下的培养方式是面向未来的。那么,随我们一起读更多的童书,从书中持续吸收养分,你也会笃信孩子是天使。慢慢来,我们一起静待花开。

李一慢：一定要慢下来

开始共读吧

《等一等》

[美]安托瓦妮特·波蒂斯著，连漪译，二十一世纪出版社集团，2016年10月出版

我由衷地喜爱《等一等》这本书，因为我的"慢看玩"教育理念中的"慢"正是倡导家庭教育上的"等一等"。

等一等我们自己

养娃先育己！在我常说的父爱三法"一慢、二看、三玩"的基础上，家长还可以自己做一些新的阐述。一是要调整好育儿理念，在养娃这件事上不能着急；二是自己要为孩子的成长做些准备，多看一些育儿书籍，多了解一些合适的养育方法，并能结合自家的实际情况加以修正；三是自己要"嗨皮"起来，多玩会玩，能带着全家一起玩。

最核心的就是这个"慢"，也就是"等一等"。可惜的是，随着社会的飞速发展，在当今的教育环境之下，一切似乎都慢不下来了。

第十八章 一起静待花开

坐飞机的时候,我常常选择最后一排,飞机降落时还没有停止滑行,就看到有些乘客早早地站到过道上、打开行李架、打开手机;幼儿园放学时,有的爸爸妈妈、姥姥爷爷等恨不得挤到门前第一个把孩子接出来;在超市的收银台处,两口子非得一人站一队,看看哪一队更快……这些快与慢,看起来好像和教育没多大关系,但是我们要知道,教育不是孤立的,特别是有着榜样示范作用的家庭教育。这些行为传递给孩子的就是一个"快",凡事要抢先,不要落后。

我是"70后",我记得小时候我的妈妈总是跟我说,"慢点吃,别噎着""慢点喝,别烫着""慢点走,别着急",作业也是"慢点写,别出错"……而现在我们怎么说?"快点吃饭""快点穿衣服""要迟到了,快点走""快去,你不快点位子就被别人占走了"……

说了这么多,好像是在说"快一点"的不好,"快"曾经被当成主流理念去宣传,从"时间就是金钱"的"深圳速度",以及"千万不要输在起跑线上"的家庭教育理念,从见面拱手作揖、磕头拜年赏红包的慢生活礼仪,变成动动手指头就能收发红包的生活节奏。不过,这不是我们国家特有的现象,在文明社会的进化中,各个国家都有这个现象。

现在,是时候开始慢的教育了。

等一等我们的童年

《等一等》算是一本关于慢教育的图画书。

书中每次妈妈说"快一点"的时候,孩子却从"慢一点"中发现了小狗、水泥罐车、鸭子、冰激凌车上的彩虹冰棍、水族箱里与他同款T恤的新新鱼类,23朵花中有一朵是蝴蝶。书中的妈妈在下雨的时候顺从了儿子的"等一等"——我在想会有在下雨时要着急回家的节骨眼上还愿意跟孩子"等一等"的家长吗?在书中妈妈顺从孩子的等一等中,我们看到了雨中的彩虹!

我们要是阅读到最后才发现和认同妈妈说的"没错,等一等",那就

《等一等》内页：妈妈总在说"快一点"，孩子总是要"看一看"

大错特错了，因为书中每一次孩子的"等一等"的需求，都得到了这位智慧妈妈的"等等就等等"的回应。

在这个文图熨帖的故事中，妈妈的"快一点"从一开始的看手表就给人时间紧迫的感觉，根据很多线索也可以预测到妈妈的"快一点"是多么的有道理——挎包里的黄色雨衣和黑色雨伞（这当然要看到最后才能恍然大悟）。

当雨滴及时地飘落，我们也中止了对孩子下一步行为的猜测。孩子在雨中张开双臂迎接着大自然的恩赐，妈妈眼疾手快地取出包里的雨衣给儿子穿上。落雨的空间加上火车即将出发的时间，站台上的人们跑了起来，妈妈当然要说"快一点"，可是儿子的眼睛在看什么？我的女儿看到了老奶奶的外套，小男孩看到了什么？他还会说"等一等"吗？在即将等车的刹那，孩子果然开口了！原来他透过火车顶和高楼大厦，看到了彩虹！

在等一等中，我们的童年如同彩虹般丰富多彩。

在亲子共读时"等一等"

"等一等"也是我们进行亲子阅读的一个方法。好奇的孩子总是急着要翻页，会不会忽略了图画的细节，少了很多细细看图、预测得对与不对

第十八章 一起静待花开

的乐趣呢？

前文提到了这本书有众多预测和猜测的线索，我们运用"等一等"的阅读方法，可以让孩子们更好地进入情节。共读时的适当停顿非常重要，特别是本书的文字极少，停顿一方面是为了给孩子看图的时间，另一方面可以引发孩子的思考。共读这本书时，我们可以从开头就适当地增加语言，比如，我们在读书名页的时候，可以提出问题："是谁牵着一位穿着棕色条纹上衣的小男孩呢？"既可以制造疑问，又可以让孩子关注衣着、颜色、形状等图画要素，让孩子养成带着疑问、通过读图去猜测故事发展的阅读能力。在每一个"等一等"的情节之间也可以略微停顿，给孩子回味的余地。

斯坦尼斯拉夫斯基（Stanislavsky）曾说眼睛是"灵魂之窗"，小男孩的"灵魂之窗"虽然在画家的笔下只是两个圆溜溜的黑点，却让我们印象深刻：这是一双透着生命亮光的黑眼睛！不幸的是，很多成人的灵魂之窗总是朦朦胧胧，看不到孩子的视界。所以，我们要跟这位妈妈学学：没错，等一等！

后记
POSTFACE

心中有爱，遍地开花

有一个小女孩，跟爷爷住在海边。爷爷常常给她讲一些远方发生的故事。

小女孩对爷爷说：我长大以后，要像你一样，去很远的地方旅行；我老了的时候，也要像你一样，住在海边。

爷爷说：很好，但是你还要记得做一件让世界变得更美丽的事。

小女孩长大后，真的去了很远的地方旅行。

有一年，她骑骆驼时，不小心摔伤了，她就回到海边住下来，每天看着日升日落，她觉得这个世界已经够美了，还能做什么让世界变得更美丽呢？有一天，她撒在花园里的鲁冰花开了，这种紫色、蓝色、粉红色的穗状花朵非常漂亮。她突然想到了一个好点子，她买了很多鲁冰花的种子，每天出门就到处撒种子。

第二年春天，整个小镇的教堂边、学校边、小路边和海边，都开满了美丽的鲁冰花。从此以后，大家就叫她"花婆婆"。

后来，有很多小朋友常去听她讲故事，她讲的是很远的地方所发生的

后　记

故事。

有一次，一个小女孩对她说：我长大以后，要像你一样，去很远很远的地方旅行；我老了的时候，也要像你一样，住在海边。

她说：嗯！很好，但是你还要记得做一件让世界变得更美丽的事……

这本书叫作《花婆婆》。

播撒爱的种子的人还有很多，有《植树的男人》，有在《地下花园》种树的地铁环卫工人，有从《神奇的小草》中发现生命力量的屠呦呦，有把培养种子当作《最爱做的事》的袁隆平……

这几本绘本，故事和画面都很精致，也很恬淡，为我们讲述了小女孩、中年大叔、老年人终其一生追寻和传播利他主义的故事。

他们都是我通过图画书认识的，我的两个孩子读了图画书也认识了他们，并且喜欢上了他们，愿意像他们那样，这比我到了初中开始读《悲惨世界》然后喜欢上冉·阿让要早得多，也要轻松和美丽得多——

"书就像是种子，

每天种十颗，总会有一两颗在一两个人那里发芽。

我想做一个种树的人。"

孩子们读完《植树的男人》如此说。

最后一页了，生活依旧精彩。合上绘本，一次共读结束，生命还在低回咏叹！

李一慢